［遊び尽くし］

国産小麦＆天然酵母でパンづくり

ファーマーズ・ベーカリー「カントリーグレイン」
片岡 芙佐子

創森社

ひと粒の麦から風土のパンを ～序に代えて～

夫と二人でパン屋を始めて、二十数年になります。今では息子も加わって、大自然の中で麦を植え、野菜を育て、国産小麦と天然酵母でパンを焼いています。

「食」という字は、人を良くすると書きます。私は、これが食べ物づくりの基本だと信じています。食物は生命を維持し、さらに心身を癒《い》やし、明日へのエネルギーの元になるものです。

口に入るものは、安心で、おいしくありたいもの。そこで、自分たちで納得のいくパンをつくりたいと材料を厳選し続けた結果が、清らかでおいしい水で知られる、ここ広島県賀茂《かも》郡福富町《ぐんふくとみちょう》への移転でした。パンにとって水がいかに重要かは本文に譲りますが、清らかな水と空気のある環境は、また、生きている粉や酵母にもよい影響を与え、さらに清冽《せいれつ》なパワーのあるパンを生み出します。

標高922mの鷹《たか》の巣山《すやま》の山麓《さんろく》にあるパン工房は、冬には軒下に氷柱《つらら》が下がり、あたり一面雪でまっ白になる日もあります。一転、春から初夏、窓外に広がる青い麦穂の陽光に輝く風景は、人をさわやかな幸福感で包みます。

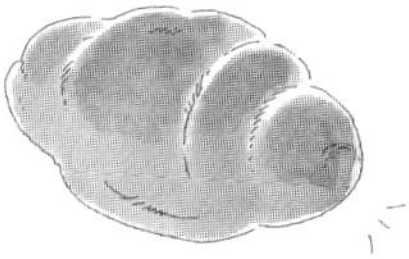

私たちも5年前から麦を植え、ついに自家製の麦でパンを焼く夢が実現しました。あの麦粒が粉になり、パンとなってふくらむさまは、本当に芸術の世界です。思えば初めて国産小麦で天然酵母のパンを焼いたとき、ふくらまないパンにしょんぼりしたものです。そういう経験を何度も繰り返して、現在の私があります。

この本には、日々私が焼いているパンのレシピとコツが、たっぷり盛り込まれています。失敗を恐れずに、一度であきらめてしまわずに、パンづくりを楽しんでみてください。繰り返すうちに、こね方、発酵温度や時間、焼き具合などの加減が体得できるはずです。発酵は基本的に天然酵母を使用し、イーストのほうが合うパンの場合は生やドライのイーストを使用しています。

パンの形は多少いびつでも、かまわないと思います。国産小麦で自然の酵母なら、自ずと噛《か》めば噛むほどに味の出る、風味のよいパンができるのですから。

イーストパンなら3時間で焼けますが、酵母パンは種づくりから10日間かかってやっとパンになります。じっくり時間をかけて醸し出される深い味——本書もそんな一冊であったら幸せです。

2000年2月　穂の出るのも間近な一面緑の麦畑のころ

片岡芙佐子

〔遊び尽くし〕国産小麦＆天然酵母でパンづくり●目次

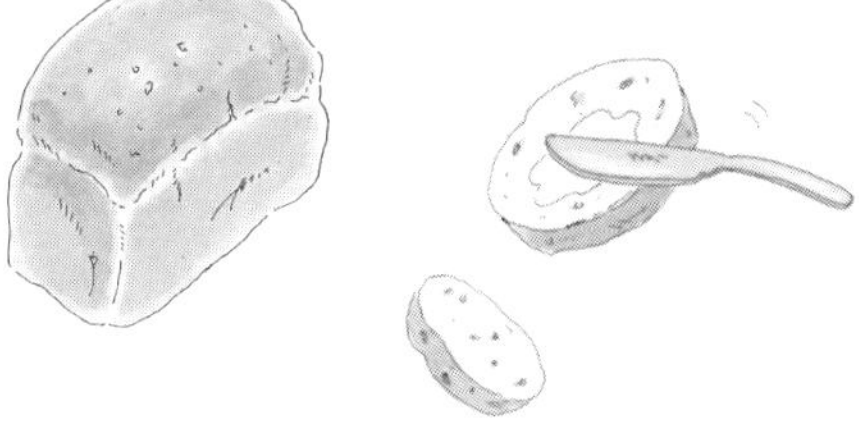

デザイン――熊谷博人
ビレッジ・ハウス
イラストレーション――おち まきこ
撮影――藤原隆雄（スタジオ タカオ）ほか
本文タイトル文字――片岡真実（フィーア）
編集協力――桑原順子
霞 四郎
岩谷 徹

プロローグ

私たちは ファーマーズ・ベーカリー

焼きたてパンの香りに包まれて

ネギ、紫タマネギ、ニンニク、サラダ菜、チンゲンサイ、そしてダイコンや豆類もとれます。

また、パセリやミント、ローズマリー、コリアンダー、レモンバームなどのハーブ類は、特別に手入れをしなくてもどんどん育ってくれ、レストランのケーキなどを引き立ててくれています。

これから畑も少しずつ広げ、農作業の時間も多くしていけたらと思っています。

パン用の小麦については、現状では全粒粉のみ自家製で、白い粉は製粉所のブレンドした小麦粉を使用しています。できればパンすべてを自家栽培の小麦でまかないたいのですが、今の収量だと20日分がせいぜいです。調べてもらったところ、現在広島県下で栽培している小麦の全量が、『カントリーグレイン』1年の使用分にあたるということです。幸い、地域の農家の方が小麦の栽培に参画してくださっているので、心強いかぎりです。

このところ、国内産小麦、特にパン用小麦の需要が高まり、広島県はパン用国産小麦の品種の選定を行うなど、活発な動きがみられます。それぞれの土地に合った品種をそれぞれの土地で栽培し、その土地ならではのパンを焼くことができたら……と、私の夢は広がります。石臼につぎ、2台目の製粉機を導入して、その日を心待ちにしています。

築80年ほどの民家は、パンの売り場とレストラン「把雲里《ぱんり》」に。隣がパン工房

遠いところへ、ようこそいらっしゃいました

Welcome to COUNTRY GRAIN

カントリーグレインは、
古民家の風情を残した山あいの小さなパン屋。
麦を育てて石臼で挽き、
大地の香りのパンを焼きます

次々と窯(かま)から出されたパンが並ぶ

麦の穂が朝陽に輝いて

麦の種まきや刈り取りは、近所の農家の方やお客さまといっしょに

パン工房は芳香に包まれて

焼きたて「全粒バゲット」(P. 58～)と「プチパン」(P. 62～)

この看板が目印です

イギリスパンタイプの「山型ホワイト」(P. 44～)

かろやかな口当たり「大麦の詩」(P. 100〜)と野ぶどう入り「メランジェ」(P. 52〜)

大地の詩が聴こえる

生葉をあしらった「ケナフパン」(P. 104〜)

古代米が紡ぐパン「卑弥呼」(P. 98〜)

ホウレンソウとニンジンたっぷり「野菜パン」(P. 106〜)

お米でつくるパン「米俵」(P. 96〜)

愛らしい形の「ブリオッシュ」（P. 64〜）と「たまごパン」（P. 74〜）

豆腐の「和風ピザ」(P. 86〜)と熱々「パンの耳のピザ」(P. 88〜)

特製オイルサーディン入り「海の幸サンド」(P. 112〜)

煮こごりも味わう「鶏肉サンド」(P. 118〜)

自家菜園のとれたて「野菜サンド」(P. 116〜)

彩りも楽しい「ゆで卵のサンド」(P. 110〜)

一粒一粒が愛しい

香ばしいパンになる国産の大麦［裸麦］
（右からダイシモチ、ヒノデハダカ）

表情豊かな国産小麦たち（右からハルユタカ、シラサギ、ナンブ、アオバ、鴻巣25号）

国産小麦とおいしい水、天然酵母のパンが並ぶ

丹精込めた小麦を手に

全粒粉と小麦も販売。すぐに売り切れてしまう

第１章

国産小麦と
大地の恵みを生かして

パン１つ１つに表情がある

国産小麦のパンづくり

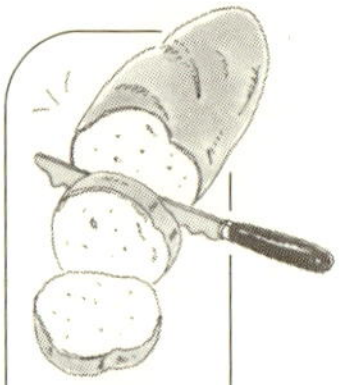

●パンには不適といわれた国産小麦

日本でつくられる小麦は、ほとんどが中力粉《ちゅうりきこ》（グルテン含有量の少ない小麦粉で、主にうどんや冷や麦、そうめんなど、めん類の製造に使用される。フランスでとれる小麦は中力粉のため、フランスパンは中力粉で焼かれる。30頁参照）と呼ばれる普通小麦で、長い間、パンづくりには不向きといわれてきました。

けれども、アトピーやアレルギーに悩む人や、食品の安全について関心を持つ人が増え、農薬などの心配のない、安全性の高い国産の小麦でパンをつくろうという動きが広まっています。

そして、私たちのところのように、小麦の品種にこだわってパンを焼く店も各地に増えてきました。

●ふっくらのイメージを早く払拭する

国産小麦を使ってパンをつくるときに、誰もが最初に直面する壁が、思ったようにふくらまない、ということです。

これは、国産小麦のグルテン含有量が外国産の輸入小麦粉に比べると少ないためです。グルテンはたんぱく質の一種で、小麦粉に水を加えてこねることにより形成される、弾力や粘りの素。グルテンの多い粉ほど、よくふくらむパンができます。

ですから、国産小麦でつくるパンが、一般のパンほどにふくらまなくても焦らずに。といっても、通常見ているパンのイメージから、はじめはどうしてもふくらまそうとがんばりがちです。早くそのイメージを払拭《ふっしょく》して、国産小麦ならではの味のあるパンづくりを目指していただきたいと思います。

個性豊かな国産小麦たち

●自分のパンづくりに合う品種を探す

パン工房の隣の畑で小麦の栽培を始めて、かれこれ5年がたちました。品種によって表情も個性も違うので、とり寄せては楽しみながら植えて育てて、わくわくしながらパンを焼いています。

今『カントリーグレイン』では、全粒粉《ぜんりゅうふん》は自家栽培の「ナンブコムギ」と「鴻巣《こうのす》25号」を混ぜて、石臼《いしうす》で挽《ひ》いて使用しています。全粒粉は酸化しやすいので、購入するときにはなんといっても新しいものを、そして冷蔵庫で保管することを心がけてください。わが家では、工房で石臼で挽き、すぐに使いきるようにしています。自家栽培の小麦はまだ量が少ないので、白い粉は「ハルユタカ」「ホクシン」「チホクコムギ」「シロガネコムギ」などをブレンドしたものを使っています。

同じ品種でも産地や気候条件によって性質も変化します。品種改良もすすんでいるので、いろいろな小麦を試してみて自分のつくりたいパンに合う品種を見つけてください。デパートやスーパーなどで一般に売られている国産小麦のブレンド粉でもおいしく焼けます。

●風味、ふくらみのよい品種も

国産小麦は各地にさまざまな品種がありますが、主に北海道、東北の小麦は、たんぱく質（グルテン）の含有量が比較的多めで、国産小麦の中ではふんわりしたパンがつくりやすいといわれています。ハルユタカやホロシリコムギ、チホクコムギ、ナンブコムギ、ホクシンなどの品種があります。

これに対して関東以西に多い品種は、全体的にたんぱく質の少ない、薄力《はくりき》に近い傾向があり、農林61号、シロガネコムギ、チクゴイ

「粉」に関する話あれこれ

●小麦粉の種類と全粒粉

小麦粉は、グルテンの含有量によって、強力粉、中力粉、薄力粉《はくりきこ》に大別されます。

強力粉　グルテンがいちばん多い粉で（11～14％）、粘りと弾力が強く、パン向き。

中力粉　国産小麦のほとんどがこの種類です。グルテンは通常8～11％で、多くはうどんなどのめん類に用いられます。フランスパンは、中力粉で焼かれます。

薄力粉　粘り気の少ない粉でグルテンは6～9％。一般に小麦粉というとこの粉を指します。ケーキやてんぷらなどに使用します。

全粒粉　小麦粉は主に小麦粒の胚乳《はいにゅう》のみを製粉しますが、外皮（フスマ）や胚芽《はいが》を除かずに、小麦粒全部を製粉したものが全粒粉です。ホール・フィート、またはグラハム粉とも呼ばれます。色は濃いけれど、ビタミン、ミネラル、繊維に富む栄養価の高い粉です。

●大麦や玄米もパンに

小麦のほか、『カントリーグレイン』では次のような穀物を加えてパンを焼いています。

大麦　穂の麦粒のつき方で、六条種と二条種に大別されます。六条種は押し麦にして麦とろなどの飯用や麦茶の原料に、二条種はビールなどの醸造用になります。店では、皮がはがれる裸麦の「イチバン星」を粉に挽いてパンに使っています。食物繊維が豊富です。

玄米　もみ殻を除いたそのままが玄米で、ミネラル、ビタミンを多く含んでいます。精白がすすむと、七分づき米、五分づき米、白米となります。玄米パンにはふつう、玄米を煎《い》って粉に挽いたものを使います。

ライ麦　粘りが少なくて酸味のある独特の食感の黒パンがつくられます。

[小麦粉の種類]

薄力粉

ケーキやクッキーに

中力粉

主にめん類に

強力粉

パン向き

[玄米]

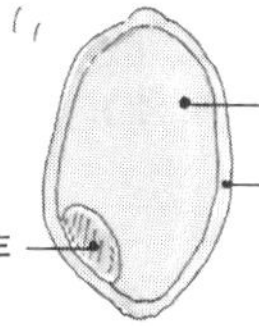

（米粒の断面）

[製粉と全粒粉]

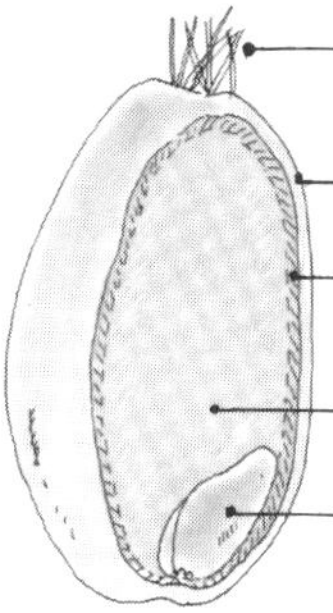

フスマや胚芽をとり除かずに
製粉したものが全粒粉

玄米

もみ殻だけを除く

精白米

胚芽とぬか層を
完全に除く

[大麦]

精白して加熱圧片
したものが押し麦

干しブドウで自家製の天然酵母種を

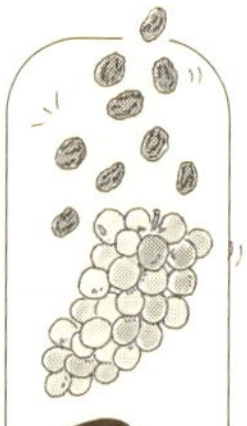

●干しブドウを水に浸して

私たちの店では、干しブドウから天然の酵母菌をとり出し、それを培養して使っています。麹《こうじ》くささがなく、粉の持ち味が出る仕上がりです。容器はガラス製の空きビンなどが便利。よく煮沸消毒しておいてください。

［材料］ 干しブドウ（オイルコーティングしていないもの）200g、ぬるま湯400g、全粒粉150g、小麦粉（精白したもの）150g

［つくり方］ ブドウ酵母をとり出します。

①干しブドウを容器に入れ、ぬるま湯を注いでよく混ざるように振り、温かいところに置いておきます。

②しばらくするとブクブク泡が出はじめ、4日から1週間ほどで干しブドウが水の上に浮き上がります。

③なめてみて酸っぱい味がしたらガーゼに受けて、エキスを絞ります。この中に、酵母菌が生きています。（残ったブドウエキスは冷蔵庫で一か月ほど保存できます）

次に、とった酵母を培養します。

④ボールにブドウエキス、全粒粉、小麦粉を混ぜ合わせてラップをかけ、しばらく置いておきます。

⑤発酵してきたら、再び全粒粉・小麦粉（分量外。各150g目安）、ブドウエキス40ccを入れて、おから状になるようにし、さらに発酵を待ちます。

⑥2倍になったら、生種のできあがりです。

●ブドウエキスはつくりおきできる

発酵時間は夏季と冬季で違います。気温の上がらない冬場は容器を日向《ひなた》に置いたり、こたつに入れるなどの工夫を。ただし、40℃を超えないように気をつけましょう。

［自家培養の天然酵母種のつくり方］

1.干しブドウに湯を注ぎ、しばらく置く

2.泡が出て浮き上がったブドウが見える

3.ガーゼでエキスを絞る。中に酵母菌が

4.自家製の生種は粉の味が生きた味わい

パンづくりに必要な道具

●これだけは揃えたい道具

パンをつくる道具のほとんどは家のキッチンにあるもの。製パン専用の道具はわずかです。ここではこれだけあればパンづくりができるという道具類を紹介します。

はかり　正しい計量はパンづくりの第一歩。1g単位の目盛りがついたものがあれば、イーストや塩の計量にベスト。新しく揃《そろ》えるのなら、デジタル表示のものがおすすめ。

温度計　天然酵母パンは特に温度管理が重要。生地のこね上げ温度をはかるスティックのついた専用温度計は必ず用意したい。

ボウル　ステンレス製のものをサイズ違いでいくつか揃えておくと重宝します。

泡立て器やゴムベラ　材料を混ぜたり泡立てたりするのに使用。ゴムベラはクリーム類をぬぐいとるのに便利です。

めん棒　生地を平らに伸ばすときに使います。長さ30～40㎝の木製で重みのあるものを。

キャンバス地　生地の分割や丸め、ベンチタイム（休ませる時間）などに使います。

カードやスケッパー　生地を分割したり、とり出すときに使います。

霧吹き　生地の乾燥を防ぐために必ず用意。

食パン型　角食パンを焼くときにはフタをして、山形食パンはフタをとって焼きます。

●あれば便利な道具

あれば作業がしやすいものとして、凸凹がついた塩化ビニール製のめん棒（ガス抜きに使ったり、やわらかい生地を伸ばす）、籐《とう》製の発酵かご（ライ麦や大麦のパンをつくるときに）、クープナイフ（切り込みを入れるための専用ナイフ。カミソリでもOK）などがあります。

手前から時計回りにクープナイフ、ゴムベラと刷毛、タイマー、カードやスケッパー、めん棒、食パン型、はかり、ボウル、計量カップと霧吹き、籐製の発酵かご、カイザー用押し型、温度計、キャンバス地

塩や砂糖、油のこと

●シンプルな材料だからこそ吟味して

粉と酵母菌、水、塩があればパンはできます。それだからこそ、材料はどれもよく吟味して選びたいものです。

水　パンの約50%は水分。よい水を使うことはおいしいパンづくりの必須条件です。水はグルテン形成に不可欠で、硬水のほうがグルテンを強めますが、あまり強いと生地はかたく、切れやすくなります（軟水だと生地はダレやすくなります）。

パンづくりには、自然水（地下水や塩素を除いた水道水）で、やや硬水がおすすめ。店では、地下50mから汲《く》み上げた水を「創生水」の機械を通し、活性化させて使っています。

塩　微量しか使いませんが、生地の発酵を調節し、風味を整えるなどの重要な働きをします。塩化ナトリウムだけの精製塩はやめて、ミネラル分豊富な自然塩をおすすめします。

私が使用しているのは中国の天日塩《てんぴじお》。海水を天日乾燥し一年間熟成させたもので、丸みのあるおいしい塩です。

砂糖　酵母の栄養源となって発酵を助けたり、パンにきれいな焼き色をつける役割をします。私が使用しているてんさい糖は、サトウダイコンの根からつくられる砂糖で、オリゴ糖を多く含み、やわらかな甘味が特徴です。食事用のパンには、砂糖ではなくハチミツを使っています。いろいろな花から採取される百花蜜《みつ》で、くせのない味です。

油　パンにボリュームや風味を出すときに、フランス産のブドウの種子からとれるグレープシードオイルを使っています。油脂類の中でも特に抗酸化作用に優れたオイルです。

第2章

大地の元気たっぷり ベーシックパンを焼く

焼き上がったパンを並べて冷ます

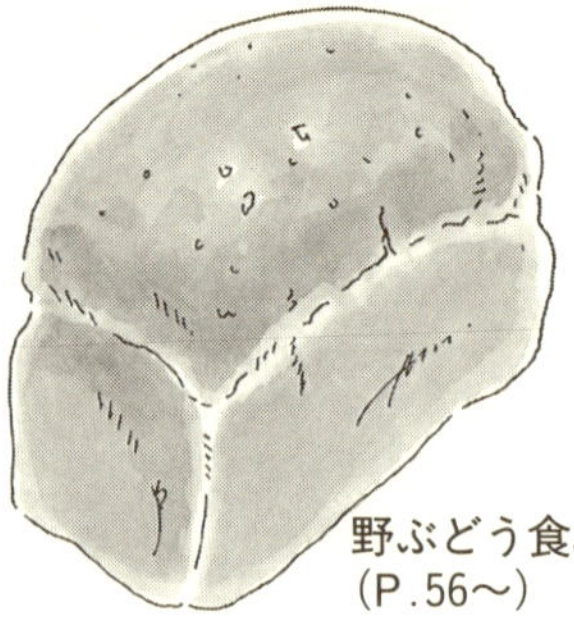

野ぶどう食パン
（P.56〜）

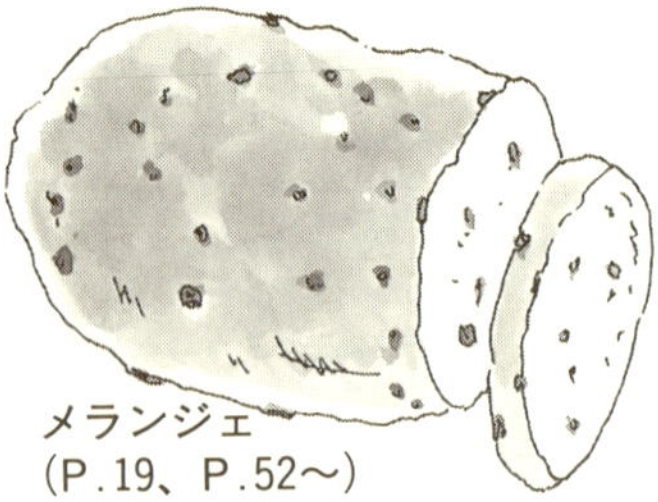

メランジェ
（P.19、P.52〜）

山型ホワイト
（P.18、P.44〜）

プチパン
（P.18、P.62〜）

ブリオッシュ
（P.21、P.64〜）

カントリーグレインのベーシックパンいろいろ

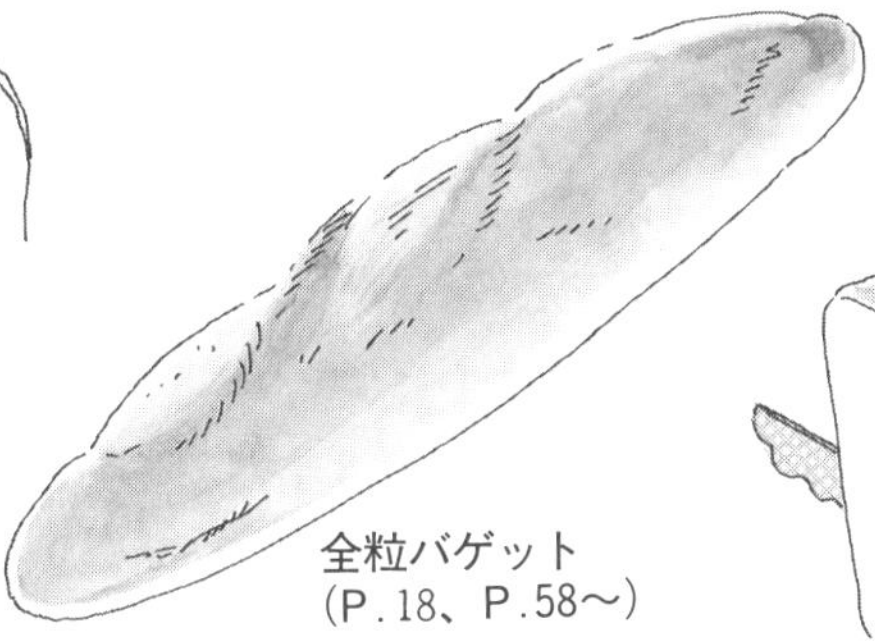

全粒バゲット
（P.18、P.58〜）

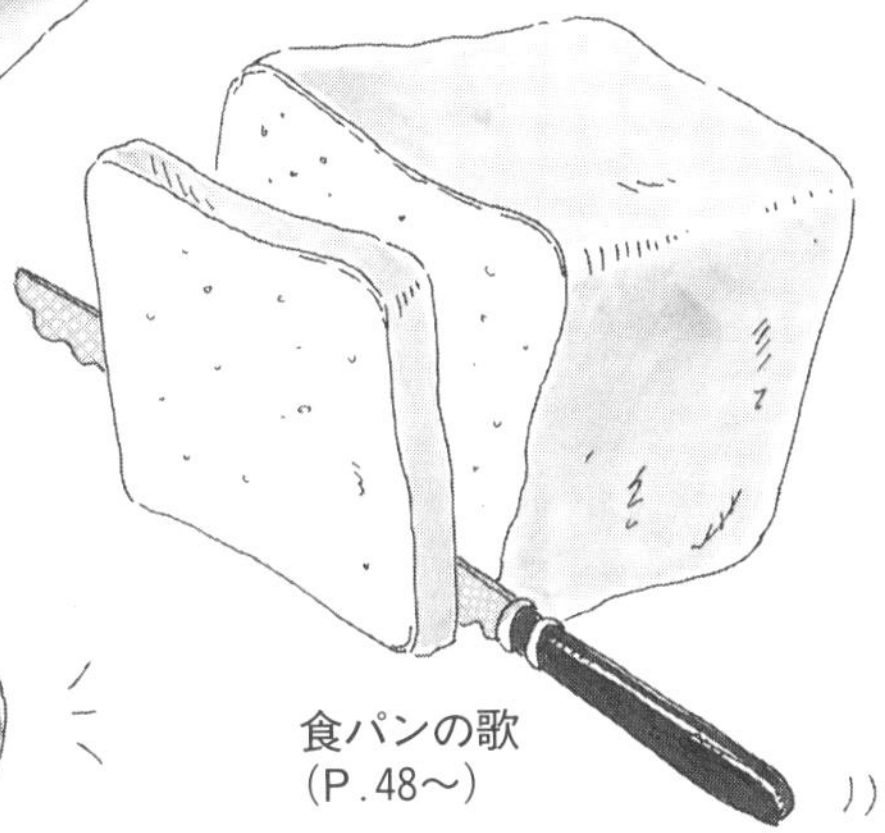

食パンの歌
（P.48〜）

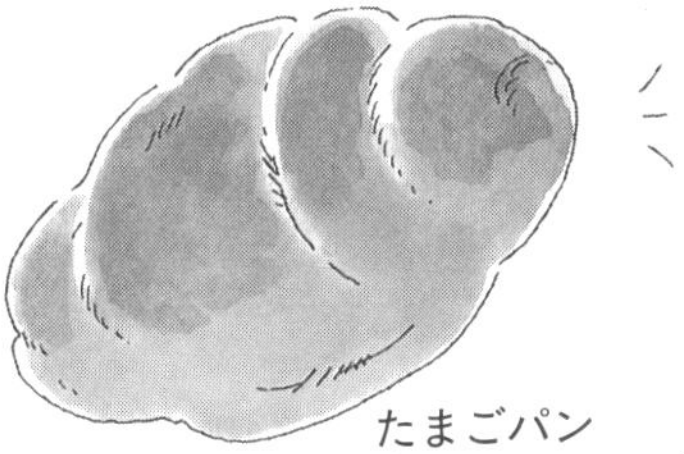

たまごパン
（P.21、P.74〜）

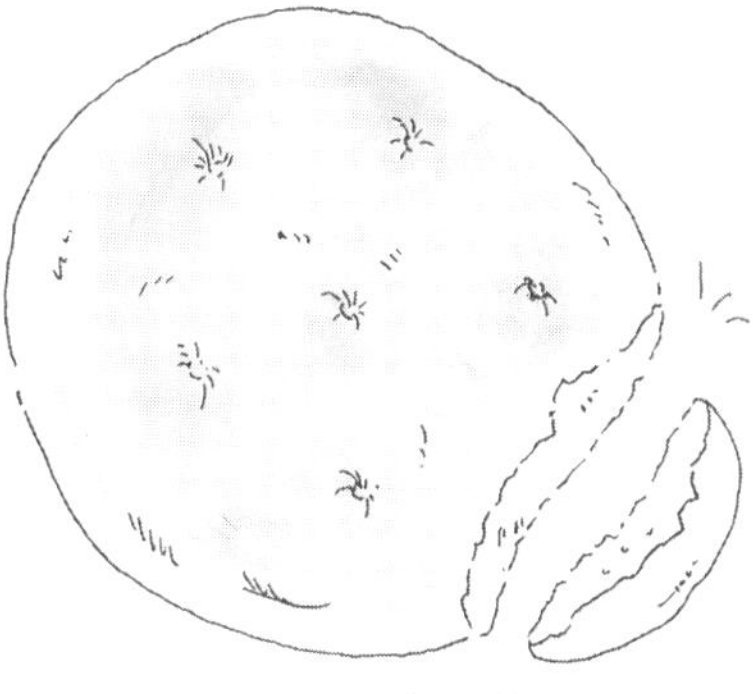

フォカッチャ
（P.72〜）

オニオン
ベーグル
（P.68〜）

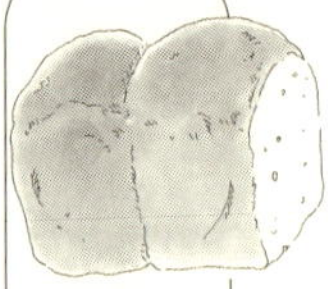

山型ホワイト

堂々のイギリスパンタイプ

●シンプルな基本のパンからスタート

「山型ホワイト」は、あきのこないベーシックな食パンで、『カントリーグレイン』のベストセラー。イギリスパンタイプで、型にフタをしないで焼くので山形に仕上がります。

　食べ方はいろいろに楽しめますが、なかでもトーストにしたときのおいしさはバツグンです。モチモチ感がお好きなら厚切り（2cm）にして余熱したオーブントースターで焼きます。また、カリッとしたトーストにしたいときは、薄切り（1cm）にして少し焼き色がつくぐらいに焼くとよいでしょう。

［材料］（食パン型23×9×9cm1台分）国産小麦粉250g、てんさい糖15g、天日塩《てんぴじお》3.5g、水125g、生種《なまだね》（34頁。36頁の場合は2倍量を使用）15g

［つくり方］①国産小麦粉、てんさい糖、天日塩をボウルに入れ、混ぜ合わせます。

②生種を分量の水に溶いて①に入れ、混ぜます。2～3分間こね、全体にまとまったらボウルからとり出し、台に移します。

③一度生地を丸めなおしてからこねはじめます。体重をかけながら、手のひらの親指側に力を入れて、手前から押し出すような感じで伸ばしては元に戻すこね方で、約15分間ぐらいこねているとツヤが出て、生地もしっとりやわらかくなります。

④生地を広げてグルテン膜のチェックをします（33頁参照）。こね上がったら生地を丸めてボウルに入れ、ラップをかけて26～28℃ぐらいで12～16時間一次発酵させます。

⑤2.5～3倍までふくらみ、表面がベタベタして平らになってきたら生地の表面を押してパンチ（ガス抜き）を行い、5分間ベンチタ

[山型ホワイトのつくり方——PART 1]

1.水で溶いた生種を他の材料に加え混ぜる

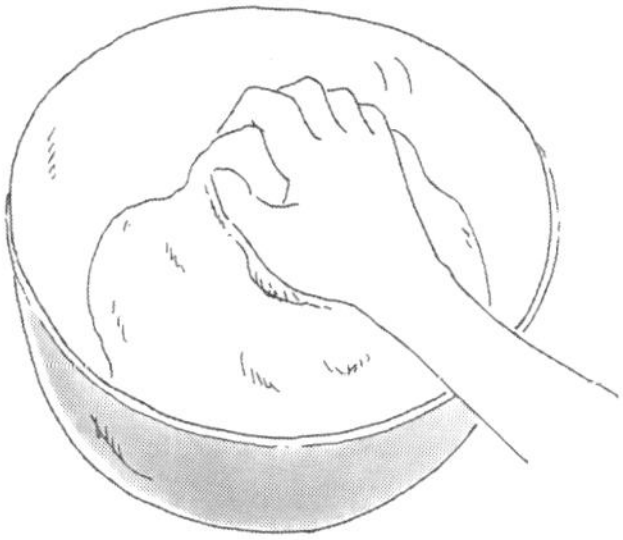

2.ボウルの中でこねて、全体にまとまったら台へ移す

3.親指側の手の腹に力を入れて押し出すようにこねる

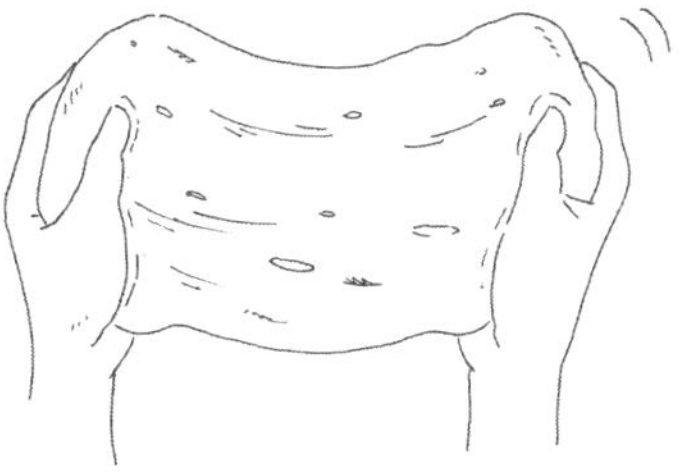

4.ツヤが出たら生地を広げてチェック

5.ラップをかけて一次発酵させる

6.ふくらんだ生地にパンチを入れてガス抜きする(次々頁へ)

イム（休ませる時間）をとります。

●型の縁まで山がふくれたら発酵終了

⑥生地を台に移してかるく丸めなおし、200gずつ2分割します。

⑦分割した生地を表面がなめらかになるようにかるく丸め、形を整えます。

⑧食パン型にオイルを塗り、生地の閉じめを下にして静かに並べ入れ、ぬれ布巾《ふきん》をかぶせて35〜38℃で1時間二次発酵させます。途中で生地がふくれてきたら布巾をはずし、表面が乾燥しないように霧を吹いておきます。生地のてっぺんが型の高さまでふくれたら発酵終了です。

⑨200℃に温めておいたオーブンに入れ、150℃で15分間ぐらい、温度を200℃に上げて5分間ぐらい焼き、きれいなきつね色の焼き色がついたのを確認してとり出します。

⑩焼き上がったら型ごと10㎝くらい上から落として生地をとり出しやすいように落ち着かせ、型から出して冷まします。

◎一口アドバイス
発酵の温度管理の手軽な方法

家庭でパンづくりをするときに、いちばん難しいのが、発酵のときの温度管理。発酵器や発酵装置のついたオーブンをお持ちなら、そちらを使えば問題ありませんが、ない場合は、いろいろ工夫してできるだけ適温を確保するように努力してください。

発泡スチロール容器とお湯で温度を保って発酵させる方法が、手軽でおすすめです。

発泡スチロール容器に湯をはり、金網またはすのこを置いて、生地の入ったボウルや型、天パンをのせます。必要に応じてラップやぬれ布巾、ビニールでおおうなどして温度と湿度を保つようにします。

湯温は一次発酵、二次発酵によって調節してください。

また、夏場などでしたら（気温27℃以上）常温で、自然発酵させてもよいでしょう。

[山型ホワイトのつくり方――PART 2]

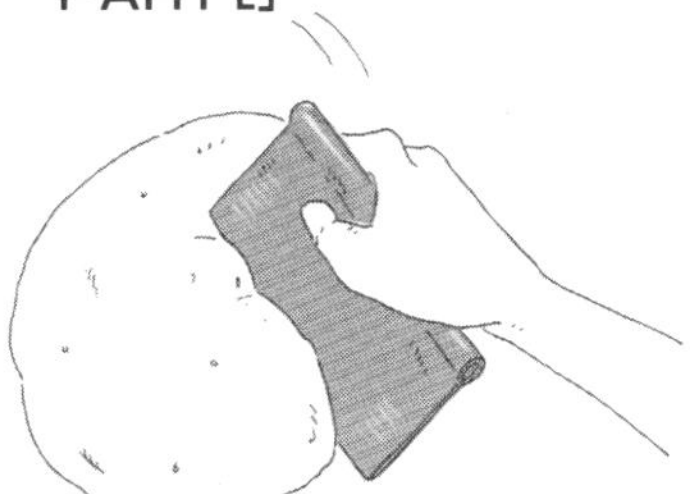

7.カードなどで2分割する

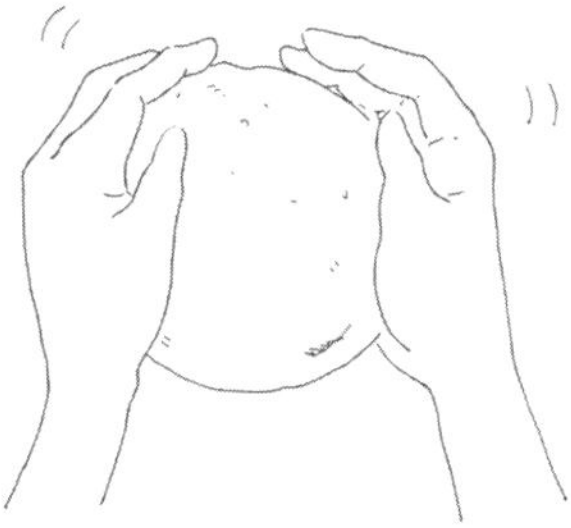

8.分割した生地を丸め、形を整える

9.食パン型に並べ入れ、二次発酵させる

10.ふくれてきたら途中で霧を吹く

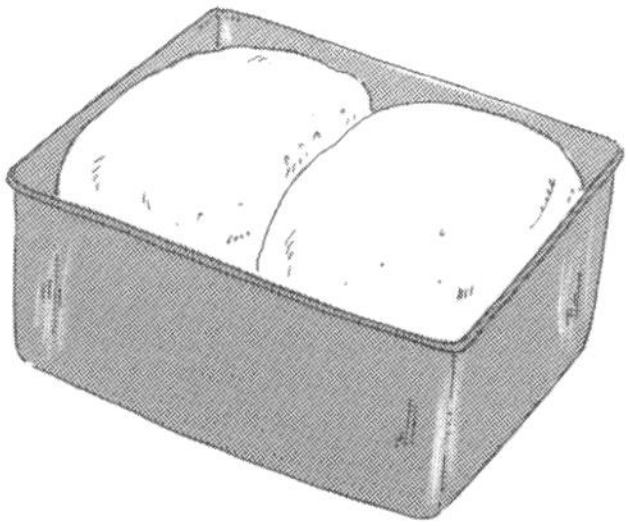

11.生地のてっぺんが型の高さまでふくれたら発酵終了

12.オーブンできつね色に焼いてとり出し、冷ます

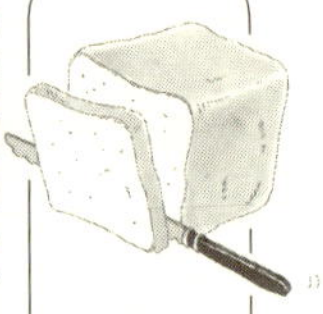

食パンの歌

おなじみ角型のロングセラー

●失敗知らずの角食パン

「食パンの歌」は、日本人になじみの深い角食パンで、フタつき型で焼きます。生イーストを使いますので、天然酵母の独特の香りに慣れていない人にも好評です。

つくり方も簡単で、私は「失敗知らずのパン」と呼んでいるほど。初めての方は、このパンから挑戦してみてください。

ねちねち感のない、ソフトですっきりとした食感です。

【材料】（食パン型23×9×9㎝1台分）国産小麦粉230g、ハチミツ15g、天日塩3g、グレープシードオイル10g、生イースト4.5g、水140g

【つくり方】①国産小麦粉、ハチミツ、天日塩、生イースト（仕込み水の一部で溶いておく）、水をボウルに入れてよく混ぜ合わせ、まとまりかけたところでグレープシードオイルを加えてさらに混ぜ合わせます。

②生地が手につかなくなり、1つにまとまったら生地をボウルからとり出し、台へ移します。

③台の上に出した生地は、体重をかけて手前から奥へ、手のひらの親指側に力を入れて押し出すような感じでこねます。生地を90度ずつ回して角度を変えながら繰り返しこね、弾力とツヤが出てきてなめらかになったら広げてグルテン膜のチェック（33頁）をします。

④こね上げた生地をボウルに入れてラップをかけ、36～38℃で約1時間一次発酵させます。

⑤生地が2.5～3倍にふくらんだら生地の表面を押してパンチ（ガス抜き）を行ない、15～20分間ベンチタイムをとります。

[食パンの歌の主なつくり方]

1. 材料にグレープシードオイルを混ぜ合わせる

2. 生地をこねて一次発酵させ、2分割したらベンチタイムをとる

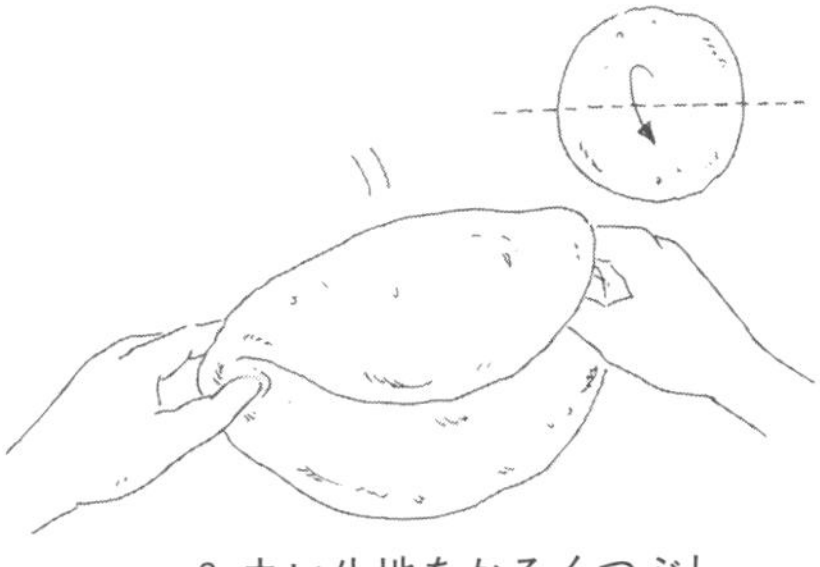

3. 丸い生地をかるくつぶし、奥から手前へ半分に折る(次頁つくり方⑦)

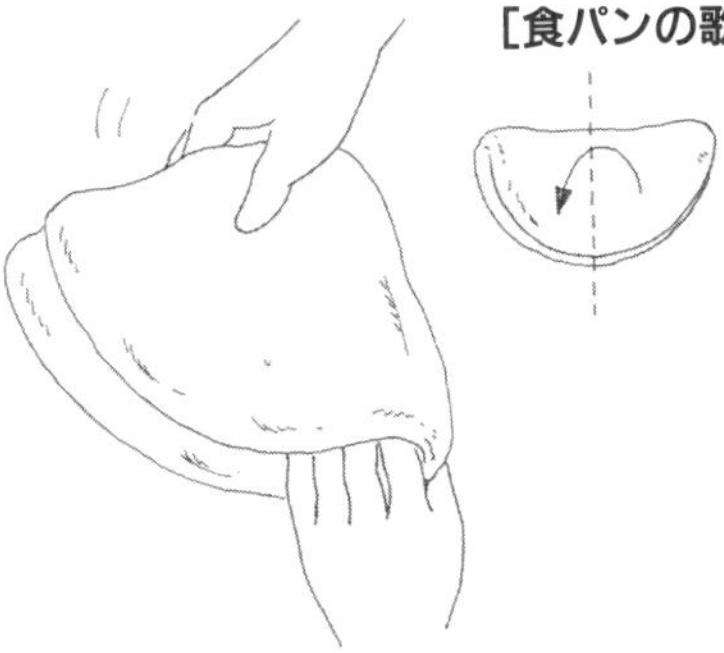

4. さらに右から左へ半分に折ってイチョウ葉形にする

5. かるく丸めた生地の閉じめを下にして型に並べ入れ、二次発酵させる

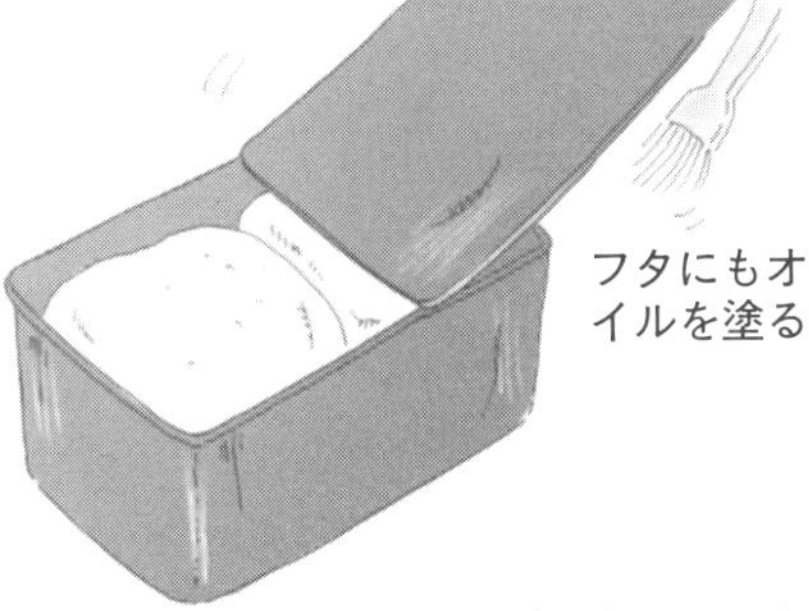

6. 8割程度発酵したら上ブタをしてさらに発酵させ、オーブンで焼き上げる

●型の8割発酵したらフタをする

⑥生地を台に移して200gに2分割し、かるく丸めて5分間ベンチタイムをとります。

⑦丸くなっている生地を上から押しつぶして平らにし、奥から手前へ半分に折ります。

⑧さらに右から左に半分に折って、イチョウの葉形になった生地を、両手で包み込むようにして生地の表面を張らせる感じで丸い形に整えます。

⑨食パン型にオイルを塗り（四隅もしっかり塗ること）、生地の閉じめを下に並べ入れ、上から押さえて生地を落ち着かせます。

⑩ぬれ布巾で生地をおおい、35～38℃で45分間二次発酵させます。途中、型の高さの8割まで生地がふくらんだところで布巾をとり除き、上ブタをします。

⑪200℃に温めておいたオーブンに入れ、20～25分間焼いてとり出します。フタを少し開けて焼き色を確認し、薄い色だったらもう一度オーブンに入れて、3分ほど焼きます。

⑫焼き上がったら型ごと、10㎝くらい上から落として生地を落ち着かせ、型から出して冷まします。

◎一口アドバイス

過発酵は避けたいので指さし確認を

一次発酵が終了したかどうかをチェックするには次のようにします。

指に手粉をつけ、生地の中央に差し込んでみます。抜き出した指に生地がつかず、指を入れた穴がふさがらないでそのまま残るようならOKです。

穴がふさがってしまうのは未発酵。逆に過発酵だと指を入れると生地全体がしぼんでしまいます。

過不足のない発酵がベストですが、過発酵は命とり。仕上がりがパサついて本当にまずいパンになってしまいます。はじめは抑え気味に発酵させたほうが無難。もちろん、ふくれ具合を目で見て確認することも大切です。

[食パンの歌のつくり方 2つのポイント]

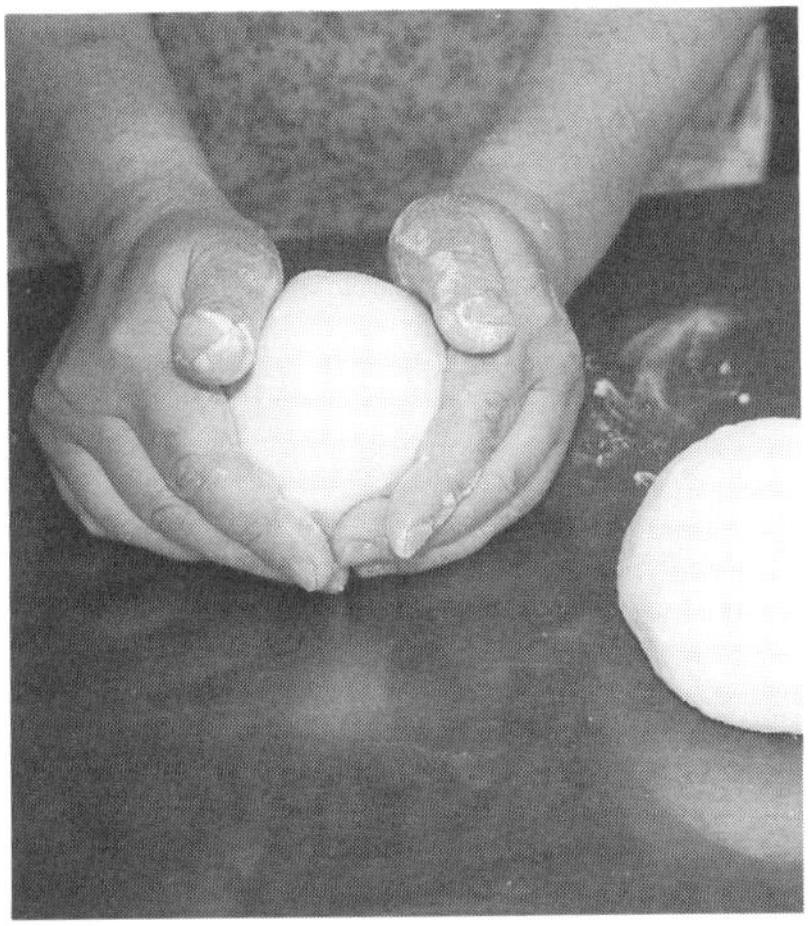

ポイント1　生地を丸めるときは両手で包み込み(右)、小さな円を描くように回すようにして形を整える(左)

◎一口アドバイス　一次発酵の過不足は指を入れて確認する

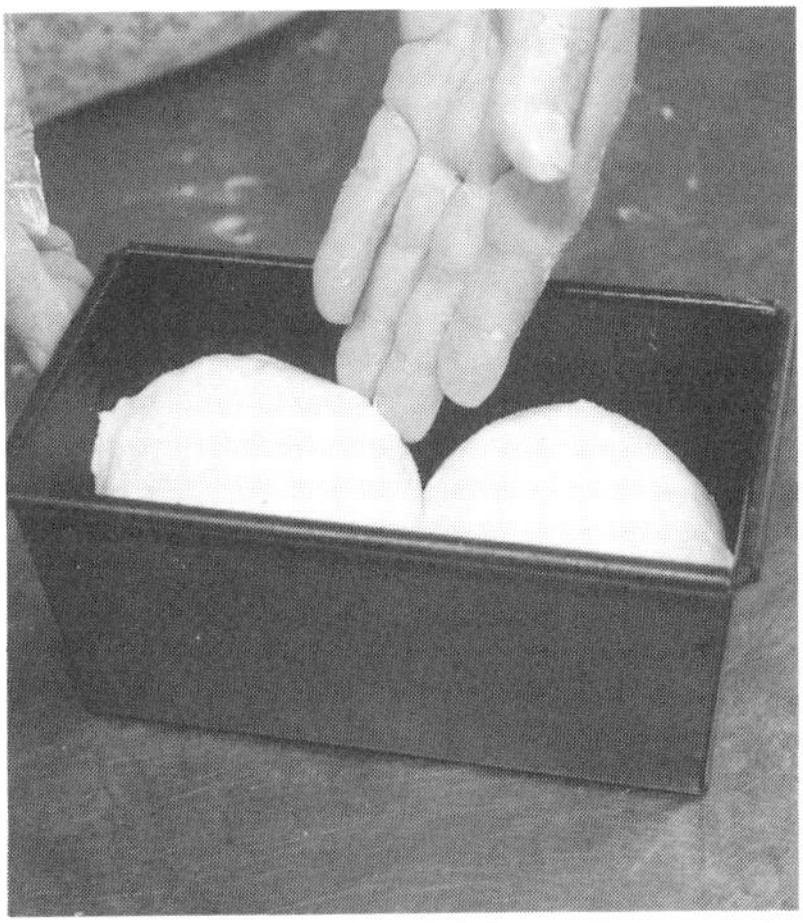

ポイント2　生地を分割して入れることで四隅もきれいに仕上がる

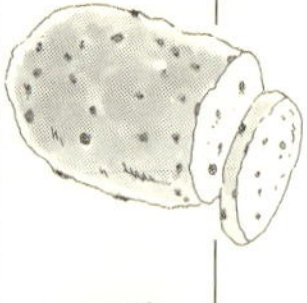

メランジェ

野ぶどうと天然酵母の味わい

●野ぶどう入りの人気パン

メランジェ（melasse＝メラス）は、フランス語で糖蜜《とうみつ》の意味を持ち、全粒粉《ぜんりゅうふん》をブレンドした天然酵母パン特有の深みのある生地とカレンツ（野ぶどう）の甘酸っぱさがベストマッチ。

『カントリーグレイン』の人気ベストスリーに常時顔を出す自信作です。

薄めにスライスし、バターを塗って食べると最高に美味です。カリッと焼いてバターをしみ込ませた上に、シナモンをふってもおいしいですよ。また、薄切りメランジェにチーズの組み合わせは、赤ワインのお相手にピッタリです。

【材料】（250gなまこ型2本）国産小麦粉210g、全粒粉40g、天日塩3g、水120g、生種（34頁。36頁の場合は2倍量を使用）15g、カレンツ（野ぶどう）110g

【つくり方】①カレンツはざるに入れて湯でさっと洗い、水切りしておきます。

②国産小麦粉、全粒粉、天日塩をボウルに入れ、混ぜ合わせます。

③生種を分量の水で溶き、②に混ぜます。

④2～3分間ボウルの中でこね、全体にまとまってきたら台に移します。

⑤生地を一度丸めなおして、体重をかけながら手前から押し出しては元に戻すというこね方で、約20分間ほどこねます。

⑥⑤に①のカレンツを加え、全体にいきわたらせる感じでざっとこねます。

⑦こね上がったら生地を広げてグルテン膜をチェックし（33頁）、生地を丸めてボウルに入れ、ラップをかけて28～30℃で10～12時間一次発酵させます。

[メランジェ成形の手順とコツ]

1. 生地（つくり方⑨）を2分割し、丸める

2. めん棒で伸ばし、長方形に整える

3. 上部1/3を前に折り返して押さえる

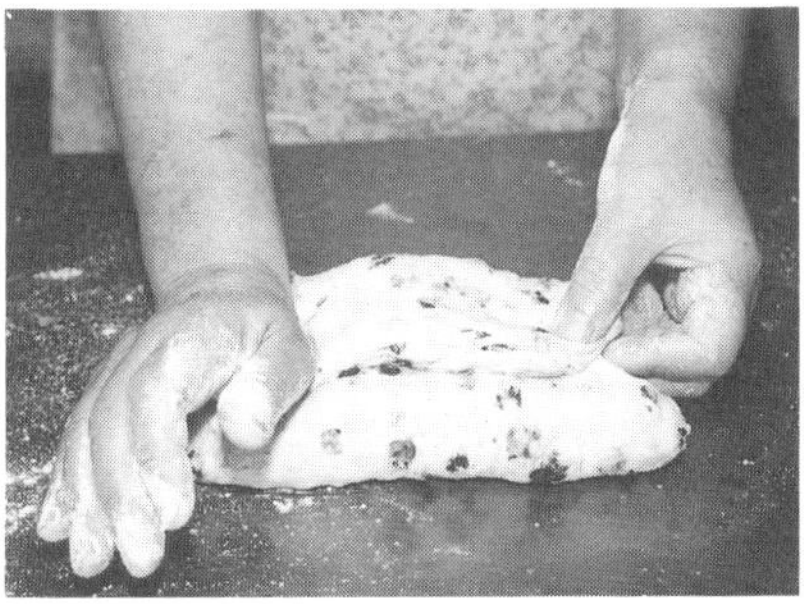

4. さらに下部1/3をかぶせるように折る

5. さらに半分に折って閉じめを押さえる

6. 両手で転がして棒状に整える

●キャンバス地に並べて二次発酵

⑧生地が2.5倍までふくらんだら、パンチを行い、5分間ベンチタイムをとります。

⑨生地を台の上に移してかるく丸め、250gに2分割します。

⑩分割した生地をめん棒で20×10㎝の長方形に伸ばし、上部3分の1を手前に折り返して押さえます。

⑪さらに手前下部を、⑩で折った部分にかぶせるようにして折り返し（3つ折り）、押さえます。

⑫⑪の生地をさらに半分に折って、閉じめをしっかり押さえ、両手でころころ転がして丸い棒状に形を整えます。

⑬棒状にした生地をキャンバス地に並べ、生地が横ダレしないように布をつまんで壁をつくり、壁で生地を支えるようにして36℃くらいで1.5時間二次発酵させます。オーバル形の籐《とう》のかご（発酵かご）をお持ちなら、そちらを使っても結構です。

⑭約2倍にふくらんだら、カードなどを使って静かに天パンに移し、200℃に温めておいたオーブンに入れて30分間、焦げ茶色の焼き色がつくまで焼きます。

［メモ］メランジェは、砂糖が入っていない分、二次発酵に時間がかかります。カレンツのほのかな甘味でふくらませる感じですから、気長にじっくりと発酵を待ちましょう。

◎一口アドバイス
パンは焼き込んだほうがおいしい!?

パンは、しっかり焼き込んだほうが風味も香ばしさも増して、おいしく、口溶けもよくなると思います。しかし、こればかりは好き好きです。浅く焼いたパンのほうが好きというお客さまも多いので、私は勘案して焼き上げています。

焼成《しょうせい》の途中で、パンの表面が焦げすぎるときは、紙やアルミ箔《はく》をかぶせて焼くとよいでしょう。

[メランジェ二次発酵と焼き方の手順とコツ]

1. 成形した生地(つくり方⑬)をキャンバス地に置く

2. 棒状の長い生地は、このように布壁をつくり、横ダレしないよう支えるとよい

3. 2倍にふくらんだら天パンへ移す

4. しっかり焼き込んだ香ばしいメランジェ

5. スライスしカリッと焼いてもおいしい

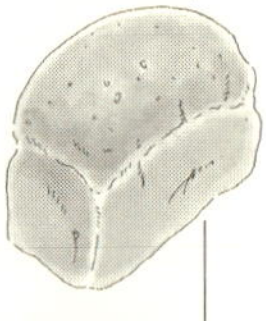

野ぶどう食パン

全粒粉入り 素朴な口溶け

●素朴でやさしい風味の食パン

カレンツ（野ぶどう）はレーズンより小粒なので、全粒粉入りの生地でも、生地のふくらみにそれほど悪影響はありません。

ソフトで素朴な味わいのある食パンで、食事用にもおやつ用にもOK。フレンチトーストや卵のサンドイッチなどがおすすめです。

［材料］（食パン型23×9×9㎝1台分）国産小麦粉170g、全粒粉45g、てんさい糖15g、天日塩3g、生イースト6.5g、水120g、グレープシードオイル10g、カレンツ35g

［つくり方］①国産小麦粉、全粒粉、てんさい糖、生イースト、水をボウルに入れて混ぜ合わせ、まとまりかけたところで台に移し、グレープシードオイルとカレンツも入れてこねます。生地に弾力とツヤが出てきたら、広げてグルテン膜のチェックをします（33頁）。

②生地をかるく丸めてボウルに入れ、ラップをかけて35～38℃で45分間ほど一次発酵。

③約2.5倍にふくれてきたらガス抜きをし、台に移して5分間ベンチタイムをとります。

④めん棒で18×12㎝の長方形に伸ばし、生地の上部を折り返し、下部を折り返して閉じめを押さえてなじませます。それを半分に折り、両手でころころ転がして筒状にします。

⑤オイルを塗った食パン型に、生地の閉じめを下にして入れます。

⑥霧を吹いて35～38℃で45分間二次発酵させます。生地のてっぺんが型の高さまでふくれたらOK。

⑦200℃に温めておいたオーブンに入れ、150℃で約10分間、200℃に上げて約10分間、計20分ぐらい、こんがり焼き色がついたらとり出します。

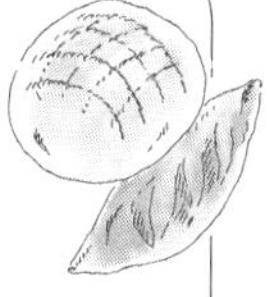

バリエーション

1つの生地から変幻自在に

●フランスパンの仲間たち

　フランスパンというと、バゲットのような細長いパンをパリっ子が小脇に抱えて颯爽《さっそう》と歩く姿を連想したりします。実はフランスパンは生地の重量、長さ、クープ（切り込み）の数などによって、それぞれ名前がついています。代表的な「バゲット」はフランス語で棒状のパンという意味で、長さは68㎝、生地量は350ｇ、クープ数は7本と決まっています。ちなみに「エピ」（フランス語で麦の穂を表す）も同じ長さと重量ですが、その名のとおり、穂のようなユニークな形です。

　バゲットより短く、ちょっぴり太めなのが「バタール」で、パリッとした皮のおいしさに加え中身がやわらかなので日本人に好まれるようです。クープ数は5本です。

　さらに細く短いのが「フィセル」で、長さは40㎝。フランス語で「紐《ひも》」という意味です。

　このほか、生地量が350ｇで格子の切り込みが入った丸型の「ブール」（球、ボール状の意）や、キノコという意味で形も愛らしい「シャンピニオン」など多彩な形のフランスパンがあります。同じ生地でも、成形を変えるだけで、これほど風味や食感が違ってくるのかと、本当に驚くばかりです。

●カントリーグレインの応用パンは

　私の店では、「山型ホワイト」（44頁）や「全粒バゲット」（58頁）の生地からよくプチパンをつくります。小ぶりに焼くことで、皮のカリカリ感が楽しめて、オリジナルのパンとはまた違ったおいしさが味わえます。

　フィリング（詰め物）をしたり、生地にハーブ類を練り込むなど変化をつけると、それこそバリエーションは限りなく広がります。

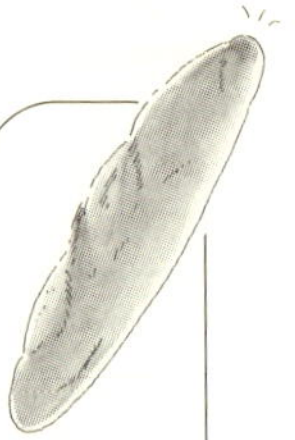

全粒バゲット

かみしめるほどに味が出る

●栄養価の高い健康志向のバゲット

バゲット（細長いフランスパン）は、パリパリの香ばしい皮が魅力です。『カントリーグレイン』の「全粒バゲット」は、小麦粉に2割弱の全粒粉を混ぜた生地でつくります。

砂糖、卵、ミルク、油脂を使用していないので、アトピーに悩むお子さんを持つお母さん方にも好評です。それから、もう一つピーアールをさせてください。通常のバゲットは焼き上がるとすぐに老化が始まるのでなによりも早いうちに食べるのがベストですが、全粒バゲットはゆるやかに熟成が進行するので長く味わうことができます。

はじめは薄くスライスしたり、手でちぎったりしてそのまま食べ、水分が抜けてきたらカリカリに焼いてクルトンにしてサラダに散らしたり、トーストしてスープを注いで食べたりと、七変化を楽しむには最高のパンです。

全粒粉は、生地中のグルテンが皮などのかたい組織で分断されるため、少々ふくらみが悪く、黒っぽくて重いパンになりますが、かみしめるほどにいい味が出て、この味に慣れると、白くてフワフワのパンがなんとなく物足りなくなります。

【材料】（3本分）国産小麦粉425g、全粒粉75g、天日塩6g、水260g、生種（34頁。36頁の場合は2倍量を使用）30g

【つくり方】①国産小麦粉、全粒粉、天日塩をボウルに入れて混ぜ合わせます。

②生種を分量の水に溶いて①の中に入れ、混ぜます。

③ボウルの中でしばらくこね、全体にまとまったらとり出して台に移します。

④台に移した生地をかるく丸めてこねはじ

[全粒バゲットの成形と焼き方のコツ]

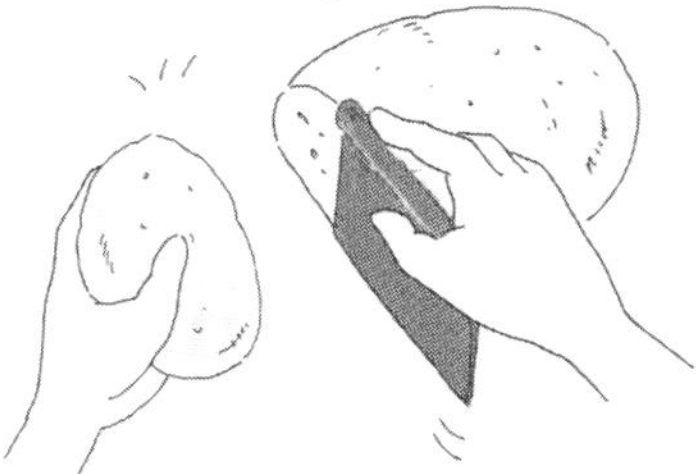

1. こねて一次発酵させた生地を3分割する（次頁つくり方⑦）

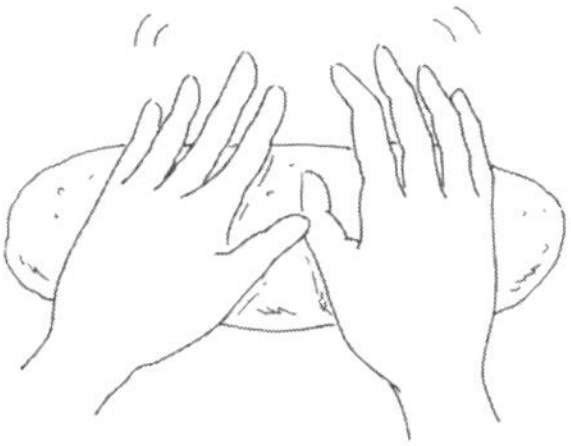

2. 分割し、丸めた生地を上から押さえて横長に伸ばす

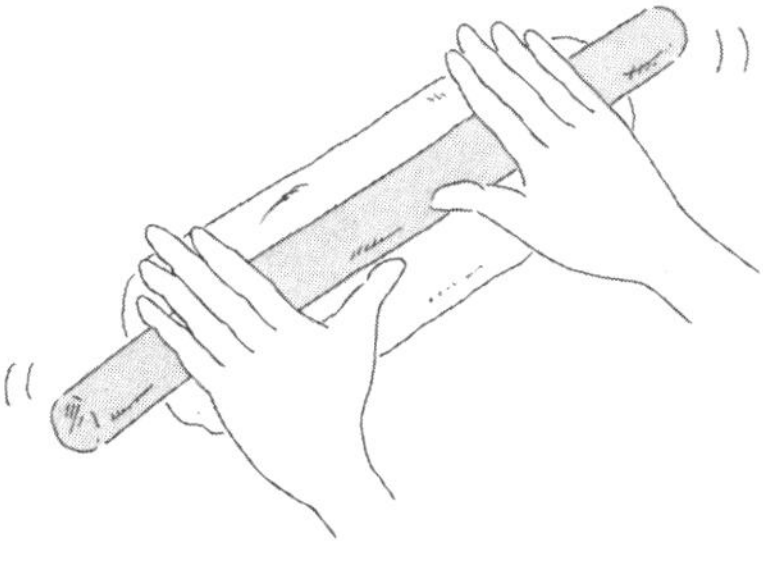

3. めん棒を使って長さ30 cmに伸ばす

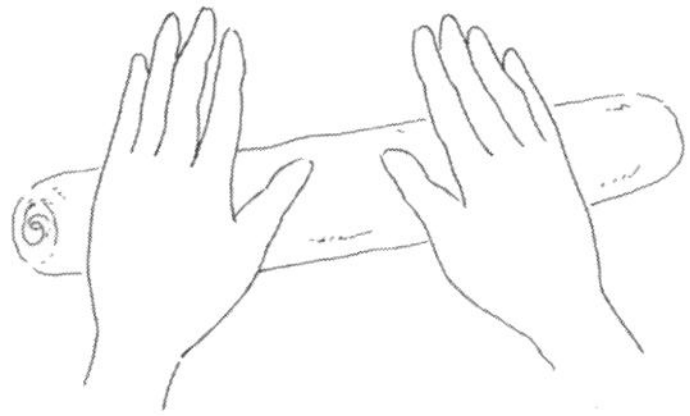

4. 手前から巻き込み、棒状に形を整える

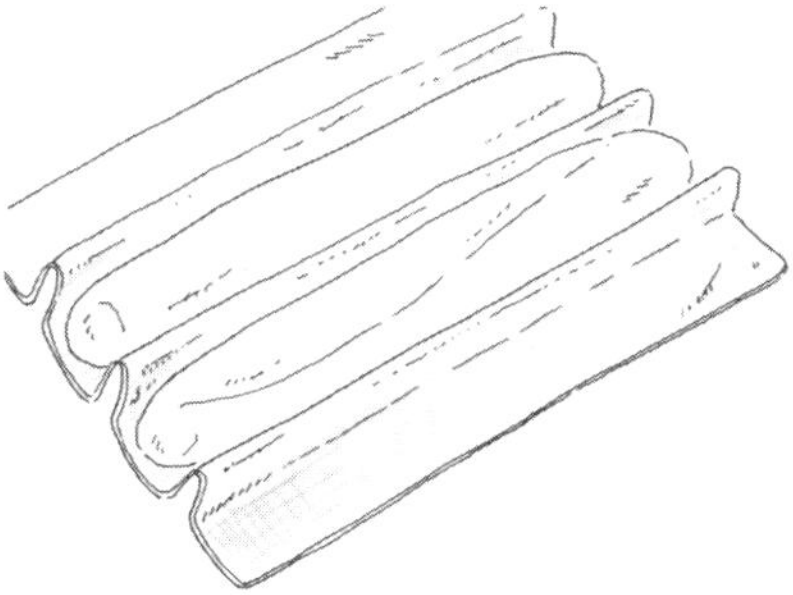

5. キャンバス地をつまんでヒダの壁をつくり、生地を並べて二次発酵させる

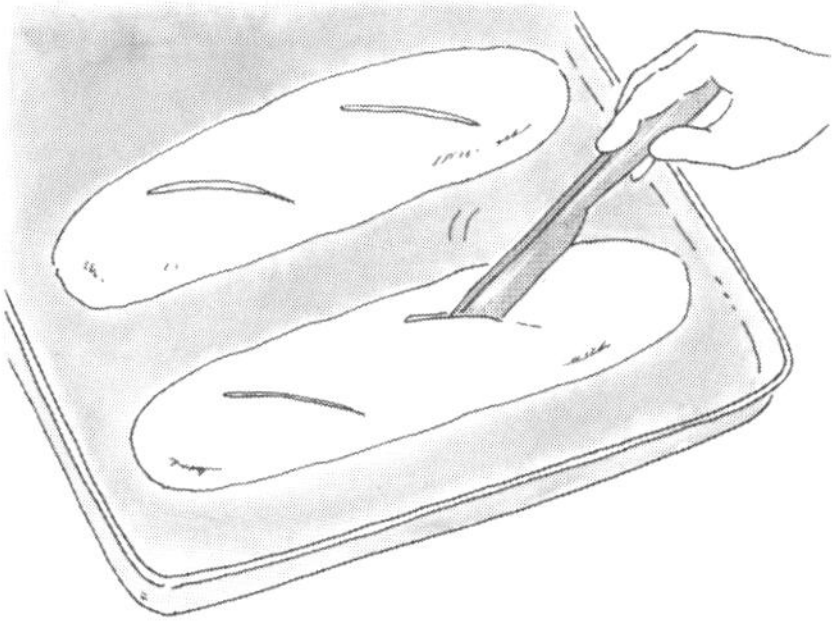

6. 斜めにクープを入れ、200℃のオーブンで焼く

めます。手前から押し出すような感じで伸ばしては元に戻すを繰り返し、90度ずつ角度を変えながらこねて、弾力とツヤが出てきたらグルテン膜のチェックをします（33頁）。

⑤生地を丸めてボウルに入れ、ラップをかけて28～30℃で8～10時間、一次発酵させます。

⑥生地が2.5倍までふくらんだらパンチを行い、5分間ベンチタイムをとります。

⑦生地を台に移してカードなどで265ｇに3分割します。

⑧分割した生地はかるく丸め、両手で押さえるようにして横長に伸ばし、めん棒を使って幅6×長さ30㎝ぐらいに伸ばします。

⑨生地を一度裏返し、手前からくるくると巻き込んで棒状に形を整え、ヒダで壁をつくったキャンバス地に、生地の閉じめを下にして並べます。

⑩乾燥しないように霧を吹き、36～38℃で約40分間二次発酵させます。

⑪生地が2.5倍にふくらんだら、静かに天パンに移し、クープを2本入れて、200℃に温めておいたオーブンに入れ、約15～20分間焼きます。こんがりきつね色に焼け、ふっくら腰の高いパンになれば成功です。

●キャラウェイ風味の全粒バゲット

キャラウェイシードを散らして焼き上げる「全粒バゲット」のバリエーションです。

キャラウェイはセリ科の植物で、弓形の褐色の種が香辛料に使われます。さわやかな香りとほのかな甘味、ほろ苦さは、全粒粉とよくマッチします。

[材料]（2本分）「全粒バゲット」の生地500ｇ、キャラウェイシード少々

[つくり方] ①全粒バゲットの生地の一次発酵を終えたもの（上段のつくり方⑤）をかるく丸めて5分間ベンチタイムをとります。

②生地を台に移して250ｇに分割します。

③分割した生地はかるく丸め、めん棒で楕《だ》円形《えんけい》に平たく伸ばし、一度裏返して手前の生

地を中心に向けて折り返します。さらに奥の生地をその上に折り返して、指で押さえて閉じめをしっかりくっつけます。これを両手で細長くなるように転がして落ちつかせます。

④③の生地をキャンバス地に閉じめを下にして並べ、36〜38℃で40〜60分間、2.5倍にふくらむまで二次発酵させます。

⑤天パンに移し、深めにクープを2本入れ、キャラウェイシードを適量散らします。

⑥200℃に温めたオーブンに入れ、20分間焼きます。

全粒粉の入ったバゲットは、ゆるやかに熟成する

◎一口アドバイス
形をくずさない発酵・成形とクープ

棒状に成形した生地を、型に入れずに発酵させる場合は、そのまま天パンなどに置くと生地が横ダレします。そこで、キャンバス地にヒダを寄せて壁をつくり、生地を支えるようにします。発酵が終了した生地を天パンに移すときは、生地を直接持たないように。家庭では下敷きのようなプラスチック板（厚紙でも可）で静かにすくいとり、形をくずさないようにして移動させます。

焼く直前にクープを入れますが、これは生地の火ぬけをよくしてボリュームを出し、表面をかたく焼き上げるため。クープナイフ（またはカミソリの刃）で少し深めにしっかり切り込みを入れることがコツです。

くっきりとクープが割れ、香ばしく焼き上がった姿は本当においしそう。

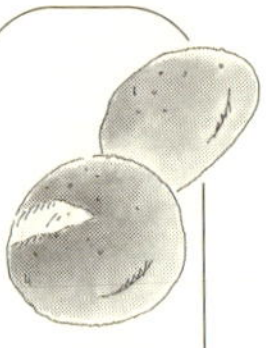

プチパン

外はパリッと中はフンワリ

●山型ホワイトの生地でつくる

基本の食パンやバゲットの生地で、プチパンをつくってみましょう。ちょっと成形を変えるだけで、小ぶりなパンならではのパリッとした食味が楽しめます。

［材料］「山型ホワイト」の生地（44頁。同分量でプチパン7～8個分）。

［つくり方］①分量の材料で山型ホワイトの生地をつくります（44頁つくり方①～⑤）。

②生地を台に移してかるく丸めなおし、1個につき55gを目安に分割します。

③5分間ベンチタイムをとってから成形します。片手を丸くし、親指を中に入れる感じで生地を内側から外側に円を描くようにころころと転がしながら丸めます。

④成形した生地を天パンに等間隔に並べ、36～38℃で40分間二次発酵させます。

⑤生地が2.5倍ぐらいにふくらんだら、200℃に温めておいたオーブンに入れ、15分間、きれいな焼き色がつくまで焼きます。

［メモ］クープを入れるなら、二次発酵終了後に1本だけ入れます。小さいパンで、しかも天然酵母なので、成形後はなるべく生地をいじらないように。クープも入れないで、コロコロした感じにしたほうが無難です。

●いろいろな生地でお試しあれ

「山型ホワイト」のほか、「全粒バゲット」（58頁）や「大麦の詩」（100頁）などの生地でもプチパンがつくれます。いずれも一次発酵後、分割、成形、焼成の要領は「山型ホワイト」の生地の場合と同様です。

また、表面にゴマをふったり、ケシの実やヒマワリの種などを散らし、変化をつけても楽しいものです。

[プチパンのバリエーション]

クープを入れずにゴマなどを散らしても

クープを１本入れて焼いたプチパン

お好み次第で多種多様に。食パンやバゲットの生地を応用して

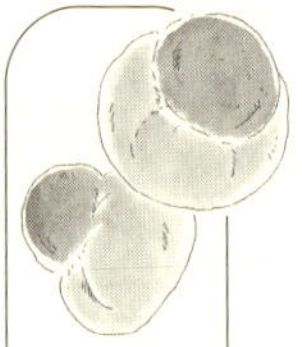

ブリオッシュ

有精卵と新鮮バターたっぷり

●風味豊かな口当たりのよいパン

私は、コロコロとかわいらしい「ブリオッシュ」が大好き。『カントリーグレイン』のブリオッシュは、ご近所の農家の方が届けてくれる有精卵と新鮮バターをたっぷり使ってつくります。

コクがあるけどあっさりとしたかるい口当たり。ブリオッシュさえあれば、優雅な朝食タイムが演出できます。

ブリオッシュの生まれ故郷はウィーン。でも今やすっかりフランスに定着し愛されて、かの国にはブリオッシュの専門店があるくらい。また、祝日やお祭りには、各地で特色あるブリオッシュが焼かれているそうです。

いろいろな種類がありますが、おなじみなのは、「ブリオッシュ・ア・テート」（僧侶《そうりょ》の頭の意）と呼ばれる、小さな頭がついた愛らしい形のブリオッシュでしょう。どうしたら、あのような形になるのか、あとで種明かしをしますね。

本来は菓子パンの一種ですが、ちょっぴり塩けもありますので、意外にサンドイッチにも合います。

【材料】（10個分）国産小麦粉170g、ドライイースト3g、てんさい糖17g、天日塩3g、卵（有精卵）大1個（65g）、牛乳65g、無塩バター70g、アルミケース10個

【つくり方】①ドライイーストを30℃に温めた牛乳で溶いてイーストの前処理をします。

②バターは室温に戻しておきます。

③てんさい糖、天日塩、卵をボウルに入れて混ぜ合わせ、国産小麦粉と①のイースト液も加え、全体が均一になるようによく混ぜます。さらに、②のバターを加えて混ぜ、よく

[ブリオッシュの成形の手順とコツ]

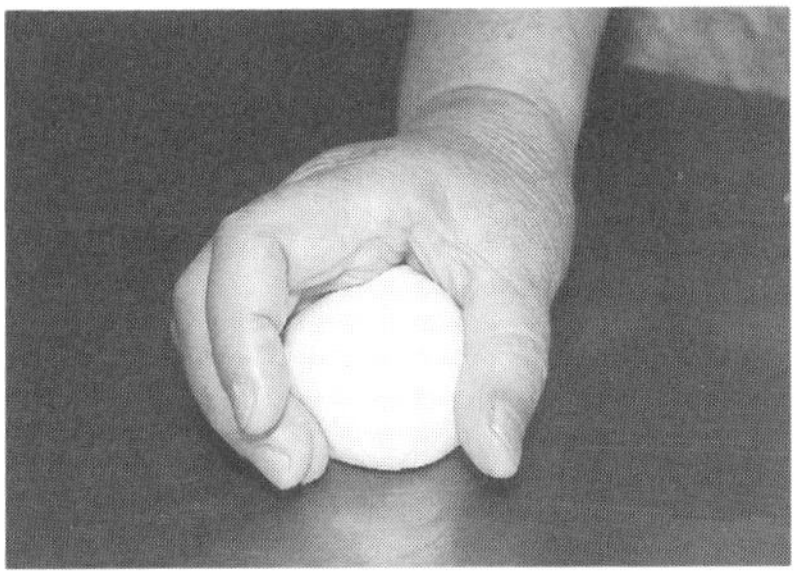

1. 分割して一次発酵させた生地(つくり方⑦)を丸める

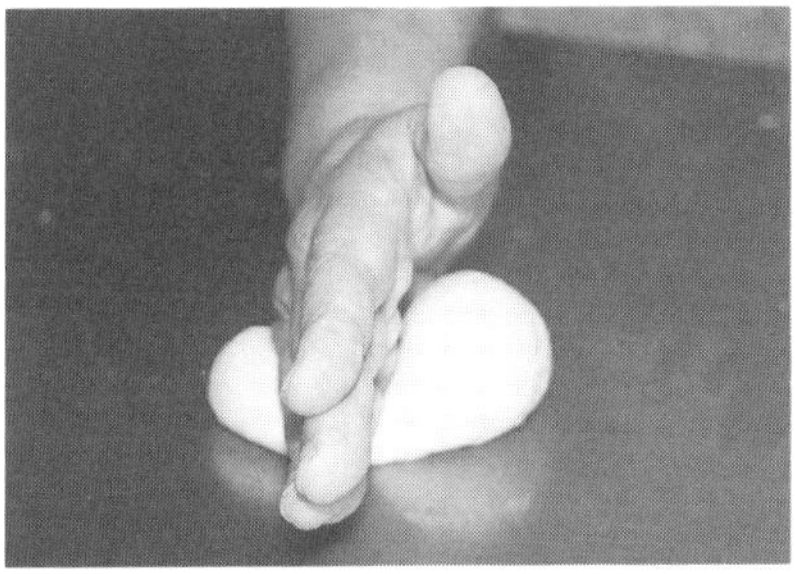

2. 細長くして長さ$\frac{1}{4}$のところに手刀を当て、前後に動かす

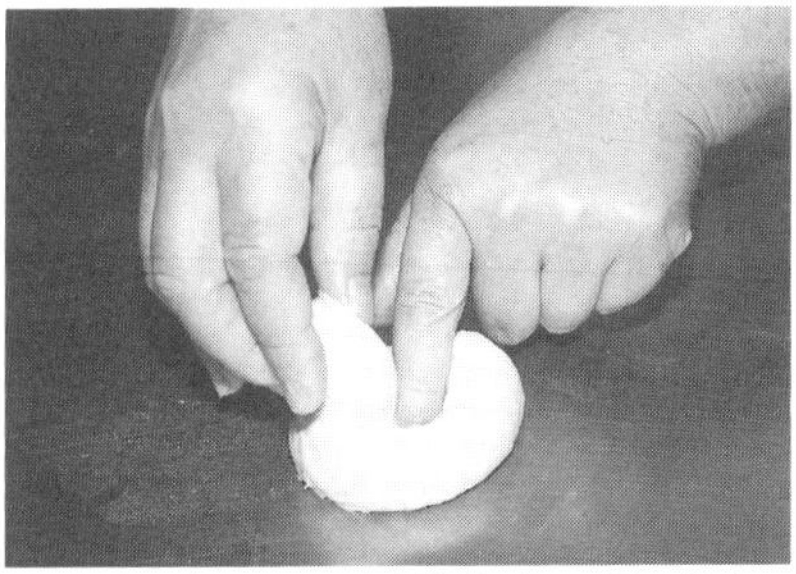

3. 生地を起こし、頭を胴部分に押し込む

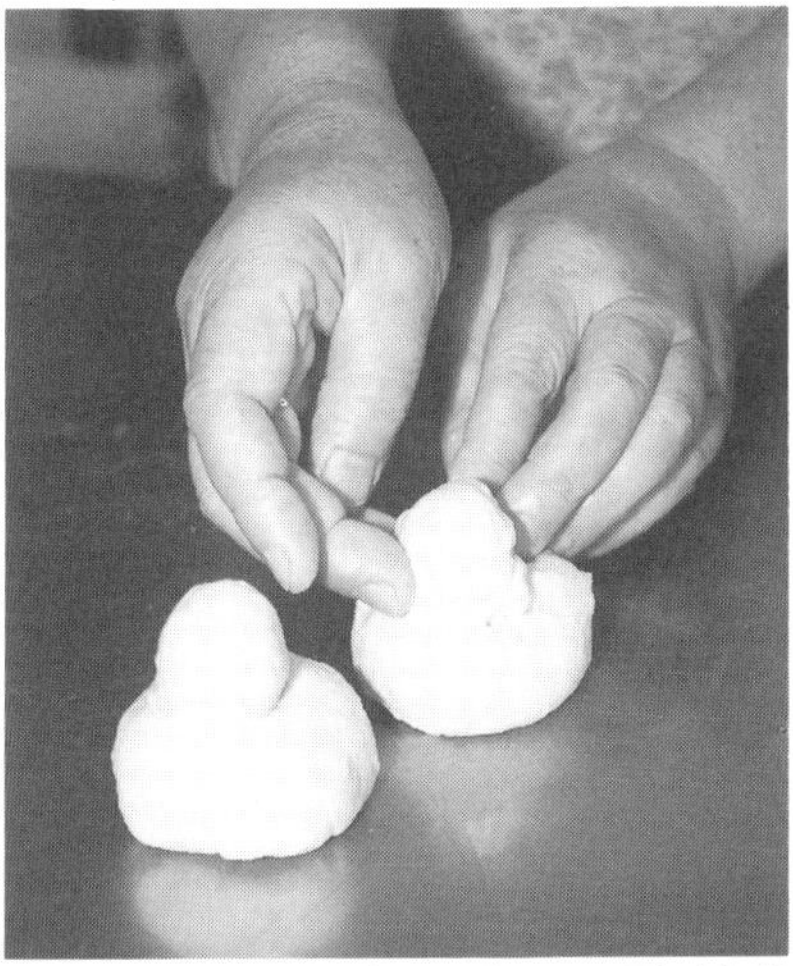

4.「僧侶の頭」と呼ばれる愛らしい形が完成

5. 二次発酵させ溶き卵を塗って焼き上げる

こねます。
④生地がまとまってしっかりとし、弾力とツヤが出てきたら丸めて大きなビニール袋に入れ、冷蔵庫に入れて一晩おきます。
⑤翌日冷蔵庫から出し、台に移して室温に戻してなじませます。
⑥生地は少しふくらんでいるのでパンチを行い、ガス抜きをしたのち、40gずつ10個に分割してかるく丸めます。
⑦分割した生地を26℃で約30分間一次発酵させ、落ち着かせます。
⑧もう一度ガス抜きをしながら丸めなおし、表面がなめらかな一枚の皮のような状態になるよう整えます。
⑨丸めた生地を転がして少し細長くし、長さ4分の1のところに手刀を当てて、前後に動かして窪《くぼ》みをつくり、そこを境にして大小の生地になるようにします（これが僧侶の胴体と頭の部分になるわけです）。
⑩これを起こして、小さいほうの生地（頭）を大きいほうの生地（胴体）に押し込むようにして形を整えます。
⑪成形した生地をアルミケースに入れ、天パンに等間隔に並べて36℃で約60分間二次発酵させます。
⑫2.5倍の大きさにふくらんだら、生地の表面に溶き卵を刷毛《はけ》で塗り、200℃に温めたオーブンに入れ、約10分間、様子を見ながら焼き上げます。

●ブリオッシュでサバランをつくる

焼き上げた「ブリオッシュ」をラム酒入りのシロップに浸して、「サバラン」に仕立ててみませんか。

ラム酒の香りが効いてちょっと大人の味わいのケーキですから、甘いものが苦手な男性にも喜ばれます。切りめにフルーツとホイップクリームを飾ってセンスアップ。

［材料］（10個分）「ブリオッシュ」10個、てんさい糖50g、水50g、ラム酒50g、生クリーム150g、イチゴなど季節のフルーツ適量

［つくり方］①てんさい糖と水を煮立ててシロップをつくり、冷ましておきます。②生クリームは泡立てておきます。③①のシロップにラム酒を混ぜ合わせ、ボウルに入れます。④ブリオッシュは3分の1ぐらいの位置に切り込みを入れ、③のラム酒入りシロップの液に浸します。⑤ブリオッシュがシロップを含んだら網の上などに並べてよくシロップをきっておきます。⑥⑤のブリオッシュの切り込みに②の生クリームとフルーツを飾ります。

愛嬌たっぷりのブリオッシュ。食欲のない朝にも思わず手が伸びるおいしさ

◎一口アドバイス
郷土色豊かなブリオッシュ

「ブリオッシュ」の形にもいろいろあります。つくり方を紹介した「僧侶の頭」形のほか、「ブリオッシュ・クーロンヌ」は王冠の形、「ブリオッシュ・ムースリーヌ」は円筒形に焼き上げます。

また、本場フランスには郷土色豊かなブリオッシュが各地にあって、ヴァンテーヌ地方は編みパンのブリオッシュ、アルザス地方のブリオッシュはドライフルーツの入ったクグロフ型の菓子パンです。

卵はできれば有精卵を使ってほしいところ。安全性の面からだけではなく、おいしい卵を使うと、やはり仕上がり、特に香りが違ってきます。

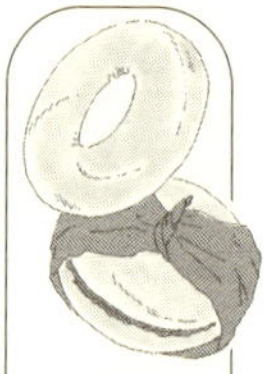

オニオンベーグル

ヘルシー志向のむっちりパン

●むっちりとした食感が独特

「ベーグル」は、イスラエルで生まれ、ユダヤ系の人々によって広められたパンです。近年、ヘルシー志向のアメリカ人の間で人気を呼び、日本でも4～5年前から出回るようになりました。

焼く前に一度ゆでるのが特徴。表面が糊《のり》化して、目のつまった生地となり、むっちりとした歯ごたえのあるパンになります。

シンプルなベーグルはもちろん美味ですが、私は生地の中にオニオンを混ぜ込んで風味をプラスして焼いています。上下2枚にスライスして、クリームチーズやサーモンなど好みの具をはさんでおめし上がりください。

［材料］（10個分）国産小麦粉270g、薄力粉《はくりきこ》50g、全粒粉20g、天日塩7g、グレープシードオイル10g、生イースト7g、水185g、タマネギ（ロースト）40g

［つくり方］①タマネギはみじん切りにし、オイルでよく炒《いた》めておきます。

②生イーストは仕込み水の一部で溶いておきます。

③国産小麦粉、薄力粉、全粒粉、天日塩、水と②の生イーストをボウルに入れてよく混ぜ合わせ、粉がまとまりかけたら①のタマネギを加えてこねます。

④生地が全体にまとまってきたところでグレープシードオイルも加え混ぜます。

⑤生地をボウルからとり出して台に移し、オイルが均一に混ざり、全体がなじんで生地に弾力とツヤが出てくるまでこねます。タマネギが入って混ざりにくいので、約40分間ぐらいよくこねます。

⑥生地を広げてグルテン膜のチェックをし

[オニオンベーグルのつくり方——PART 1]

1.タマネギのみじん切りをよく炒める

2.粉類と塩、水、溶いた生イーストを混ぜ合わせる

3.ざっとまとまったら炒めたタマネギを加え混ぜる

4.グレープシードオイルを加え、手でよく混ぜ合わせる

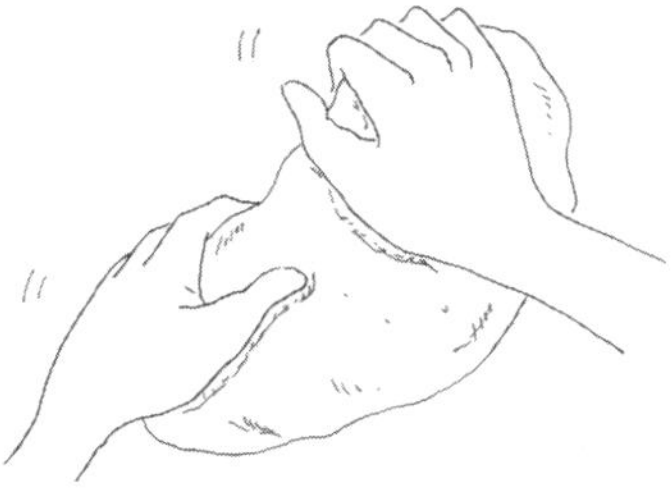

5.生地をボウルからとり出して台に移し、よくこねる

6.こね上がったらボウルに移し、一次発酵させる（次々頁へ）

ます（33頁）。

●一度ゆでてから焼き上げる

⑦こね上がった生地をボウルに戻し、ラップをかけて36～38℃で1時間一次発酵させます。

⑧生地が2.5倍にふくらんだら、ガス抜きし、ボウルから台に移してカードで60gずつ10個に分割します。

⑨分割した生地をかるく丸め、10～15分間ベンチタイムをとります。

⑩丸めた生地を両手で前後にころころ転がして、長さ15㎝の棒状に伸ばします。

⑪棒状の生地の一方の端の先2㎝ほどを指で押さえて平らにつぶし、もう一方の端と重ねて輪をつくり、合わせめをしっかりつまんで閉じます。

⑫ドーナツ形に成形した生地を、粉をふっておいたキャンバス地に間隔をあけて並べ、36～38℃で40分間二次発酵させます。

⑬鍋《なべ》に湯を沸かし、沸騰直前の火加減にして、発酵が終了した生地（2.5倍にふくらんでいる）を静かに入れ、10秒ほどゆでて裏返し、さらに10秒ゆでて、穴じゃくしで天パンにすくいとります。

⑭200℃に温めておいたオーブンに⑬の天パンを入れ、220℃に温度を設定して約20分間、表面に焼き色がしっかりつき、なおツヤのある状態のうちにとり出します。

◎一口アドバイス
ベーグルは煮立てずにゆでる

「ベーグル」の生地をゆでるときのポイントは、湯の温度。生地を入れてぐらぐら煮立てないようにします。湯がぬるくてもダメ。90～95℃が適温です。はじめに生地の表になるほうを下にしてゆで、次に裏側をゆでます。

生地に混ぜ込むタマネギは、水分がなくなるまでじっくり炒めてください。このほか、ローズマリーやバジルなどのハーブを入れて味の変化を楽しむのもよいでしょう。

[オニオンベーグルのつくり方――PART 2]

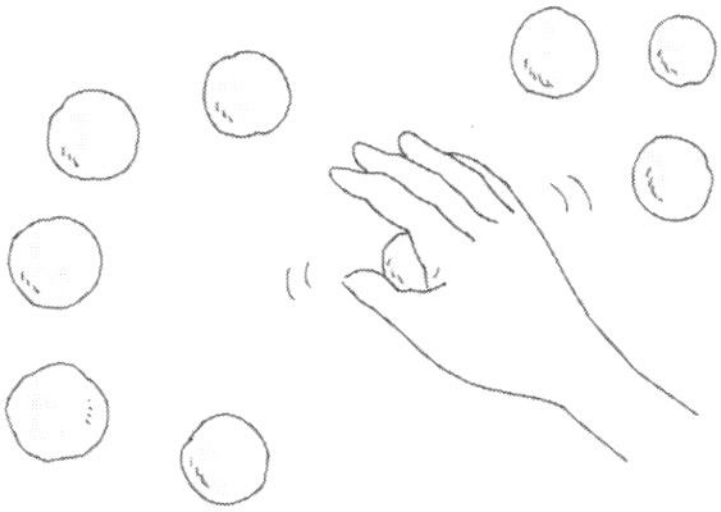

7.ガス抜きし、10 個に分割した生地をかるく丸め、ベンチタイムをとる

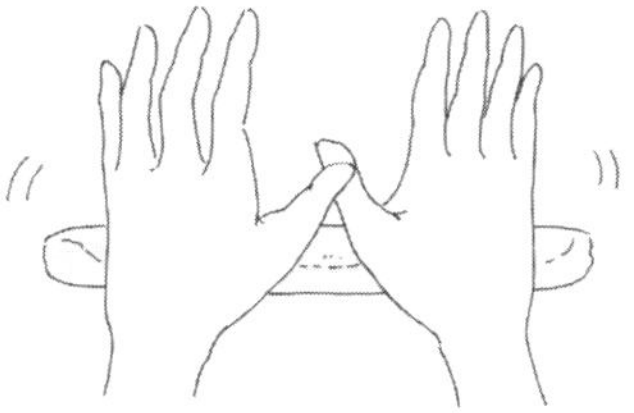

8.前後に転がして長さ 15 cm の棒状に形を整える

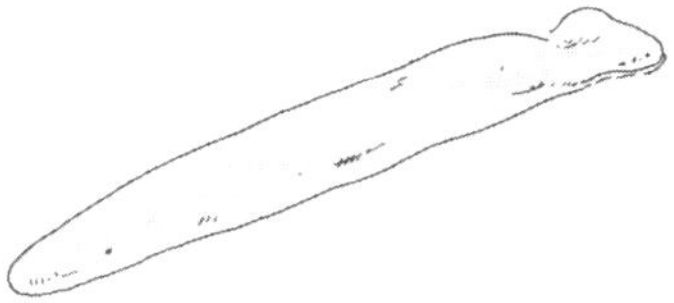

9.棒状の生地の片端を 2 cm ほどつぶす

10.もう一方の端に重ねてしっかりくっつけ、ドーナツ状に成形した後、二次発酵させる

11.沸騰直前の湯で 10 秒ゆでて裏返し、さらに 10 秒ゆでる

12.穴じゃくしで天パンにすくいとり、オーブンに入れてツヤよく焼く

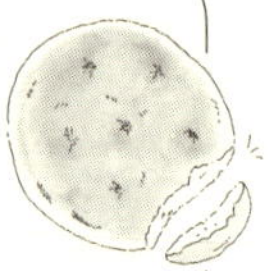

フォカッチャ

ハーブを散らした平たいパン

●簡単で失敗なくつくりやすい

「フォカッチャ」は、北イタリア・ジェノバ生まれ。平たい日常用のパンで、家庭で手軽につくれるのが魅力です。オリーブ油を加え、塩やハーブを散らして焼くのが一般的。ニューヨークではフォカッチャの間に具を詰めたサンドイッチが人気で、専門店もあります。

[材料]（4個分）国産小麦粉190g、全粒粉65g、生種（34頁。36頁の場合は2倍量を使用）16g、天日塩4g、オリーブ油10g、ピーマン（赤、黄）50g、フレッシュハーブ（ローズマリーなど）少々、水130g

[つくり方]①国産小麦粉、全粒粉、天日塩をボウルに入れてよく混ぜます。

②生種を分量の水に溶いておき、①に加えて混ぜ、2～3分間こねて全体にまとまったら台に移し、よくこねます。

③生地にツヤとハリが出てきたら、ボウルに戻し、ラップをかけて26～28℃で3時間一次発酵させます。

④ピーマンは1cm角に、ハーブは刻みます。

⑤③の生地が少しふくれたら、オリーブ油と④のピーマンを混ぜ、再び台にとり出してこねます。生地に弾力が出てきたら終了。

⑥⑤の生地を約110gずつ4個に分割し、切り口を下にしてかるく丸め、5分間ベンチタイムをとります。

⑦丸い生地をめん棒で伸ばして直径12～13cmの円形にし、これを天パンにのせて生地の上に④のハーブを散らし、36～38℃で25分間二次発酵させます。

⑧生地の表面全体にフォークで穴をあけ、200℃に温めておいたオーブンに入れて250℃で焼き上げます。

[フォカッチャのつくり方]

1.粉類、塩、生種を混ぜてよくこね、一次発酵させる

2.ピーマンは1cm角に切り、フレッシュハーブは刻む

3.ふくれた生地にピーマンとオリーブ油を加え、台に移してこねる

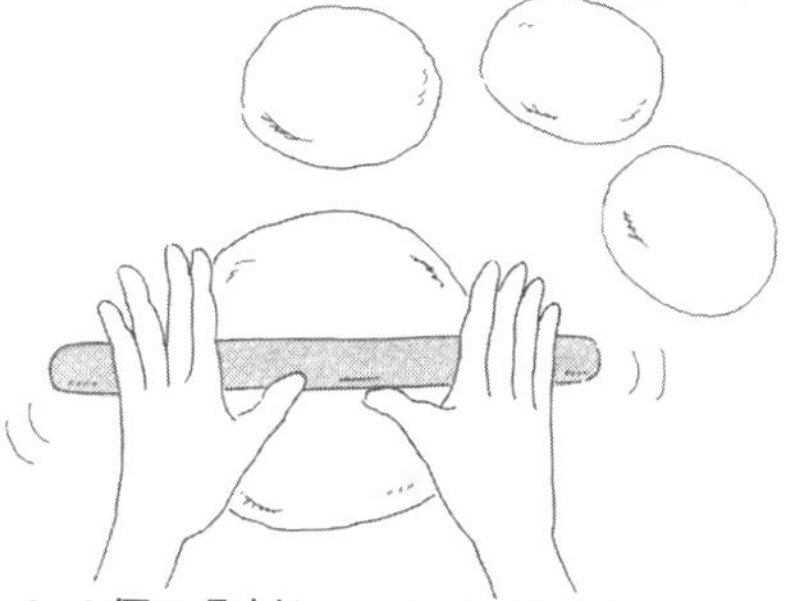

4. 4個に分割し、ベンチタイムをとった生地を円形に伸ばす

5.生地に刻んだハーブを散らし、二次発酵させる

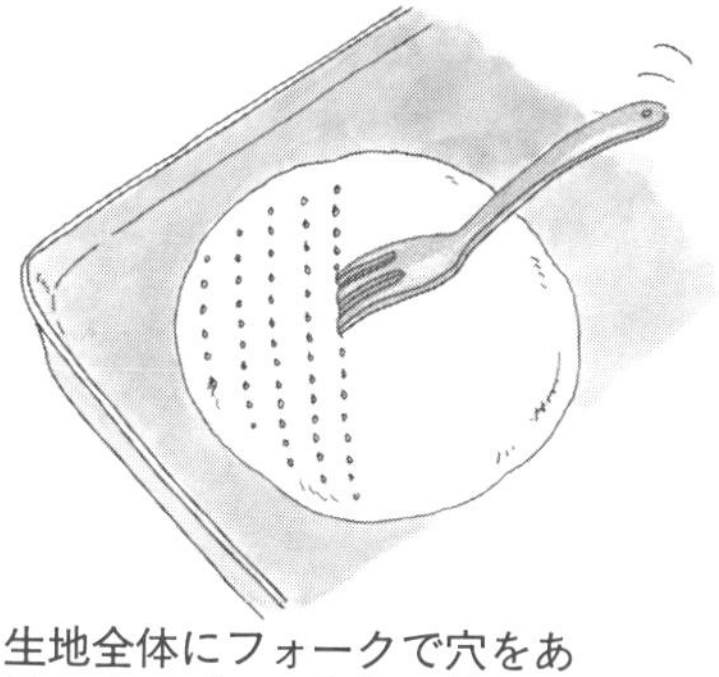

6.生地全体にフォークで穴をあけ、オーブンに入れて焼く

たまごパン

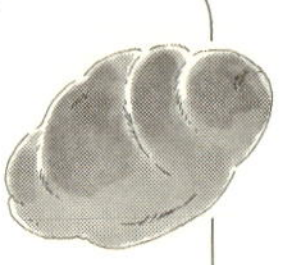

香りよく ほんのり甘～い

●香りのよいソフトなテーブルロール

卵と牛乳がたっぷり入ったほんのり甘いロールパン。『カントリーグレイン』では「たまごパン」と名付けています。バターは使いませんが、代わりにグレープシードオイルを加えます。香りよく、軽くふわふわとしたパンなので、いくらでも食べられます。焼かずに、そのままかバターを塗ってどうぞ。朝食のテーブルロールにピッタリです。

　上部を切って卵サラダやハムをはさめば、定番のサンドイッチに。ランチボックスに詰めてピクニックに出かけませんか。

[材料]（10個分）国産小麦粉200g、てんさい糖25g、天日塩2g、牛乳30g、水30g、グレープシードオイル20g、卵（有精卵）小1個（40g）、生イースト6g

[つくり方]①卵は割りほぐし、牛乳は30℃に温めておきます。

②生イーストは仕込み水の一部で溶いておきます。

③国産小麦粉、てんさい糖、天日塩をボウルに入れて混ぜ、水（またはぬるま湯）と①の卵、牛乳を加え、②の生イーストも入れてよく混ぜ合わせます。

④全体に混ざったら、グレープシードオイルを加え、さらによく混ぜ、ほぼまとまったらボウルからとり出し、台に移します。

⑤台に移した生地は、手の腹に力を入れて手前から押し出すようにしては元に戻す感じでこねます。生地が均一にこね上がるように、生地を回し、角度を変えながらこねます。

⑥生地の表面がなめらかになり、弾力とツヤが出てきたら、広げてグルテン膜のチェックをします（33頁）。

[たまごパンの成形の手順とコツ]

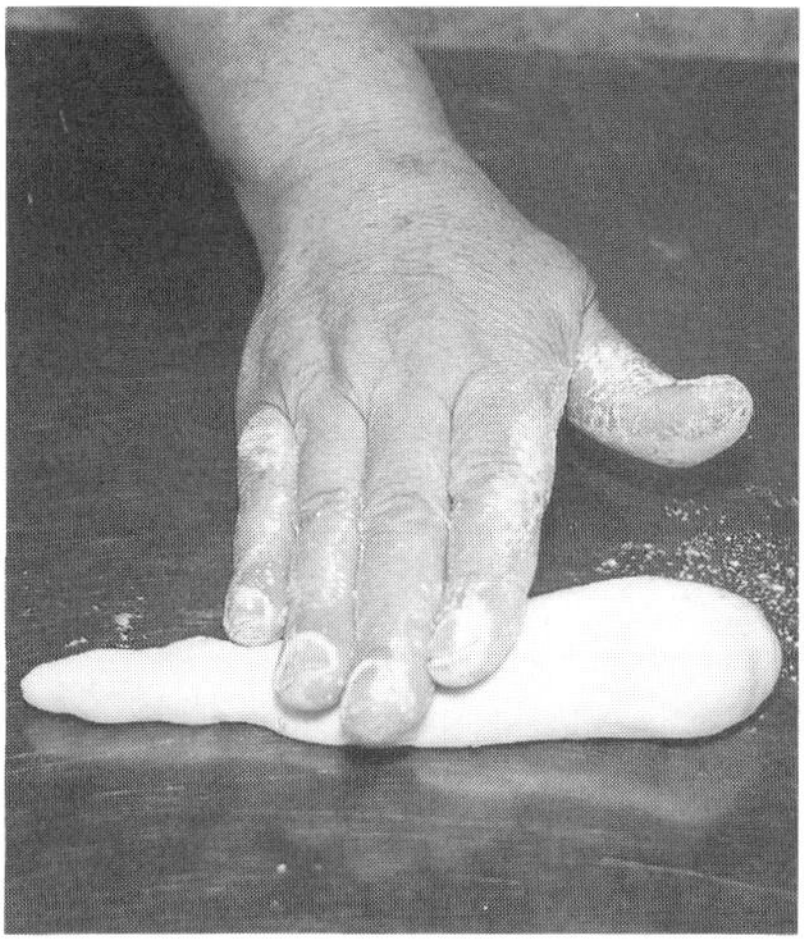

1. 生地(つくり方⑩)を棒状に伸ばしたら、一方を押さえて転がし円錐形に

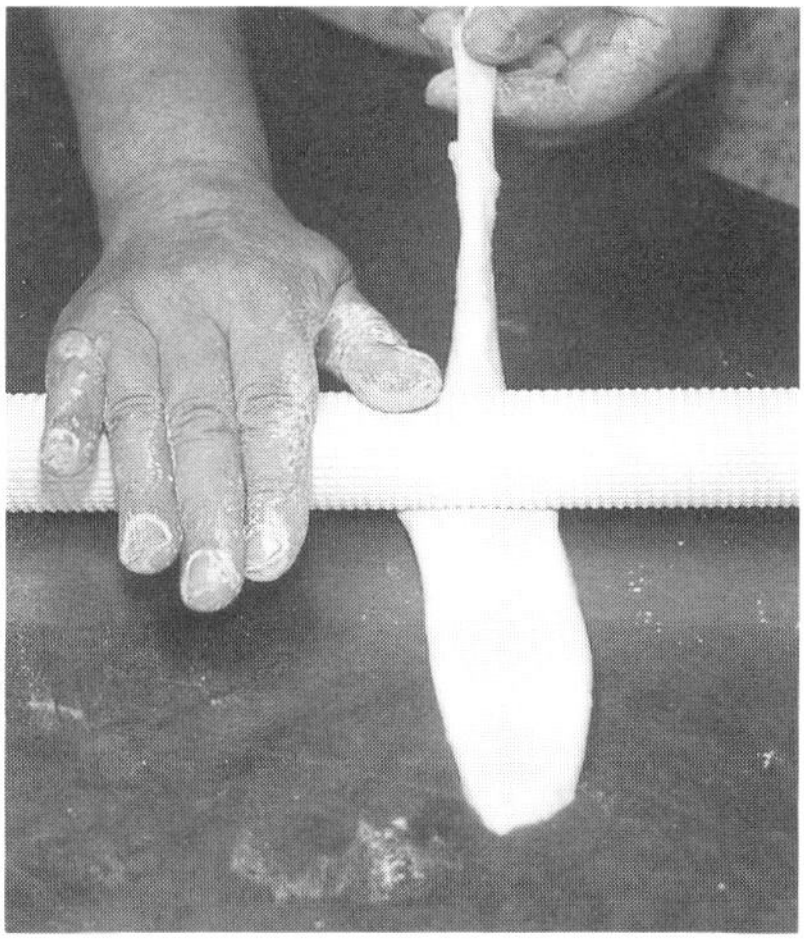

2. 上からめん棒で伸ばし、長い三角形に

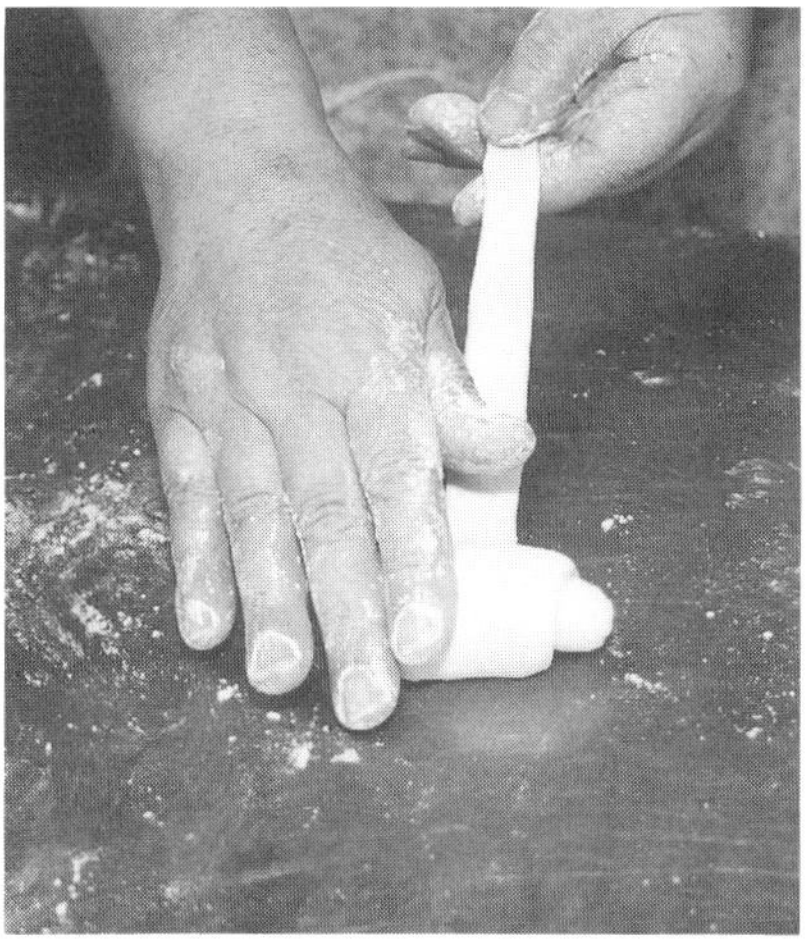

3. 三角形の底辺から、くるくると巻き込んでいき、巻き終わりを下に置く

4. ロールパン型のできあがり

●円錐形にした生地をくるくる巻く

⑦生地がこね上がったらボウルに戻し、ラップをかけて36～38℃で1時間一次発酵させます。

⑧生地が2.5倍の大きさにふくらんだら発酵終了。ガス抜きをして5分間ベンチタイムをとります。

⑨ボウルから生地をとり出して台に移し、かるく丸めて35gずつ10個に分割し、5分間ベンチタイムをとります。

⑩分割した生地を成形します。まず、両手で前後に転がして棒状に伸ばします。次に一方の端をかるく押さえて転がし、円錐形《えんすいけい》にします。

⑪円錐形の生地をさらにめん棒で伸ばして長さ17㎝くらいの三角形にし、底辺のほうからくるくると巻き込んで、巻き終わりをぴっちり生地にくっつけます。

⑫⑪の生地を、巻き終わりを下にして天パンに等間隔に並べ、36～38℃で45分間二次発酵させます。生地の表面が乾かないようにぬれ布巾をかけておきます。

⑬生地が約2.5倍の大きさにふくれたところで溶き卵（分量外、全卵で濃い場合は牛乳少々で溶き、やわらかくする）を刷毛で塗ります。

⑭200℃に温めておいたオーブンに入れ、7～8分間焼いてとり出します。

◎一口アドバイス
ロールパンを成形するときに

成形の方法はいくつかあります。私は、分割した生地を円錐形に伸ばしてロール形にする方法をご紹介しましたが、分割しないで円形に平たく伸ばし、放射状に切り分けて巻いてもよいでしょう。また、ロール形にしないで、分割後丸く成形しても結構です。

焼成は焼き色を見ながら、口当たりのよいソフトな生地に仕上げるために、7～8分間で焼き上げるのがベストです。

第3章

遊び心満点
お気に入りのおやつパンを焼く

あれも食べたい。これも食べたい!!

田舎つぶあん
(P.90〜)

カボチャあんパン
(P.90〜)

サツマイモあんパン

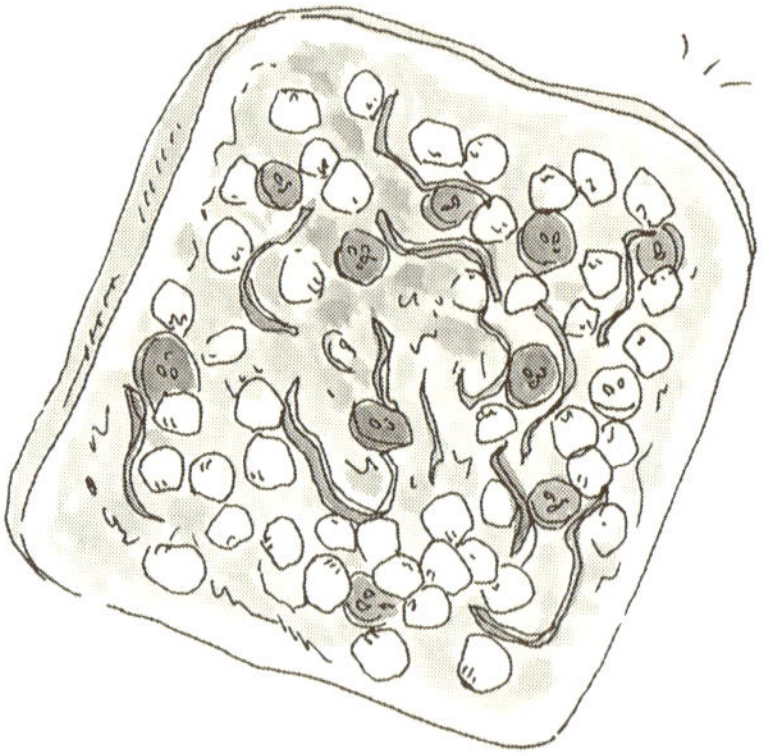

パンの耳のピザ
(P.22、P.88〜)

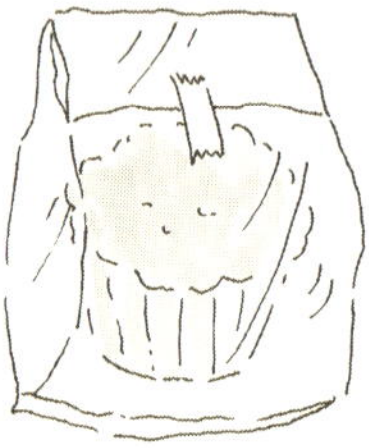

チーズスコーン
(P.80〜)

カントリーグルテンのおやつパンいろいろ

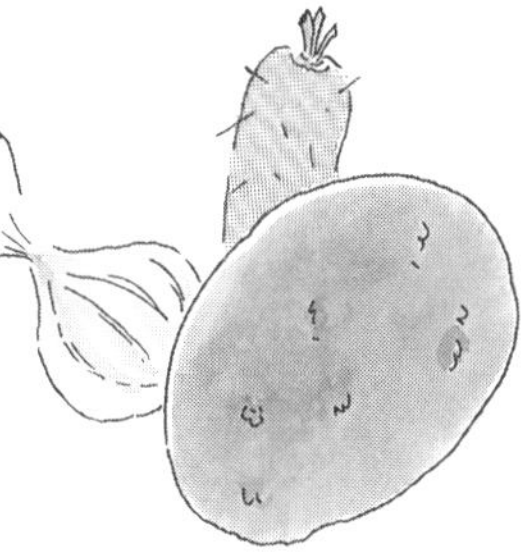

野菜だけのカレー
（P.84～）

和風ピザ
（P.22、P.86～）

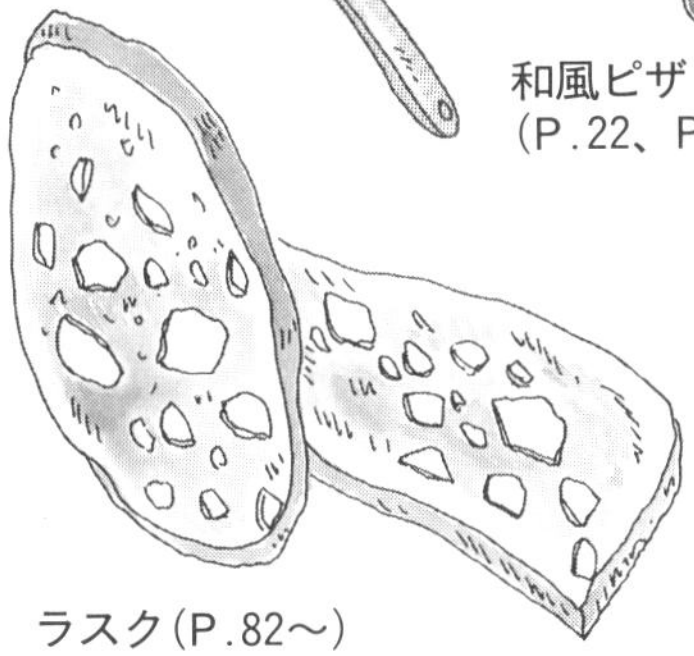

ラスク（P.82～）

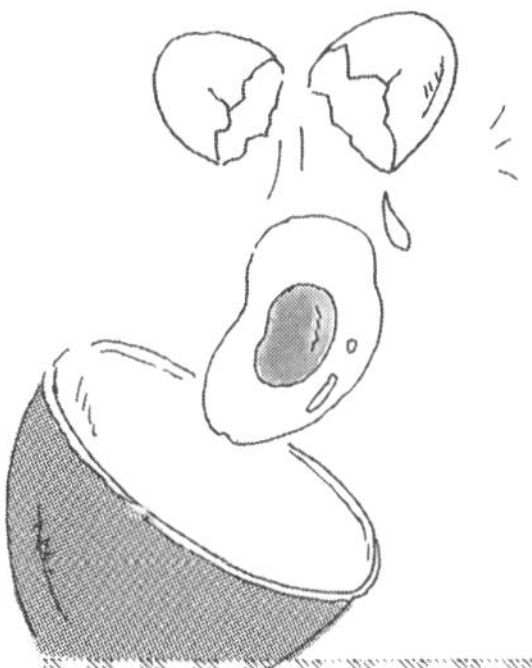

チーズスコーン

自家製ジャムを添えて

●バターやジャム、クリームを添えて

イギリスではアフタヌーンティーに欠かせないのが、スコーン。私は、おろしチーズをたっぷりと入れてつくります。甘味はハチミツ、卵は有精卵。香りもよくなって、ひと味違いますよ。『把雲里《ぱんり》』では、季節の果物の自家製ジャムを添えて、お出ししています。

［材料］（10個分）薄力粉《はくりきこ》300g、無塩バター55g、ハチミツ30g、天日塩《てんぴじお》3g、卵（有精卵）1.5個（90g）、牛乳50g、おろしチーズ（パルメジャーノ、レジャーノなど硬質タイプのチーズ）80g、ベーキングパウダー3g

［つくり方］①薄力粉とベーキングパウダーを合わせて台の上でふるい、室温に戻したバターをのせて、カードでバターを切りながら粉に混ぜ合わせます。次に両手でもむようにすり合わせてバラバラと混ぜていきます。

②卵をボウルに溶きほぐし、ハチミツを入れて泡立て器でよく混ぜます。

③①の粉の真ん中に穴をつくり、②と天日塩、牛乳を入れ、くずすようにして混ぜます。

④まとまってきたら生地をカードで半分に切り、重ねては押さえてつぶし、また半分に切って重ねてはつぶす作業を3回繰り返します。重ねるごとにおろしチーズをふり込んで全体に混ぜるようにします。

⑤生地をラップに包んで冷蔵庫に入れ、30分間休ませます。

⑥冷蔵庫から生地をとり出して台に移し、めん棒で1.7cmぐらいの厚さに伸ばして、直径5cmの丸型で抜き、天パンに並べます。

⑦生地の表面に溶き卵を刷毛《はけ》で塗り、200℃に温めたオーブンに入れ、220℃に設定して約8～10分間焼きます。

[チーズスコーンのつくり方]

1.ふるった粉類にバターをのせ、カードでバターを切りながら混ぜていく

2.溶きほぐした卵にハチミツを入れてよく混ぜる

3.粉の中央にくぼみをつくり、卵液と塩、牛乳を入れて混ぜる

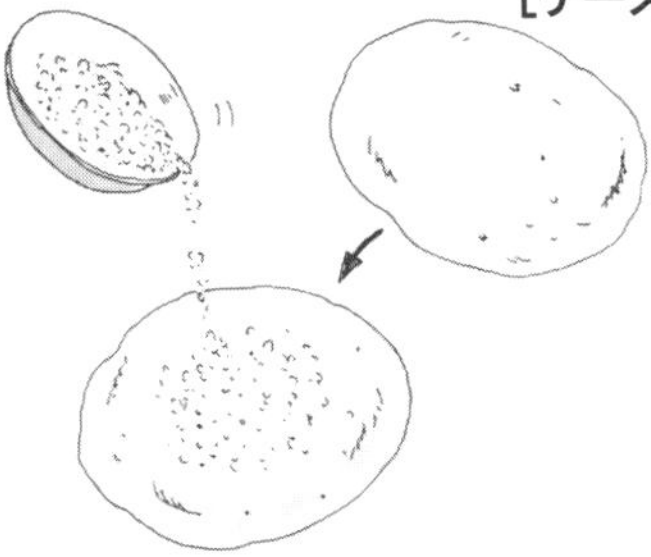

4.生地を半分に切っては重ねてを3回繰り返す。重ねるごとにチーズをふる

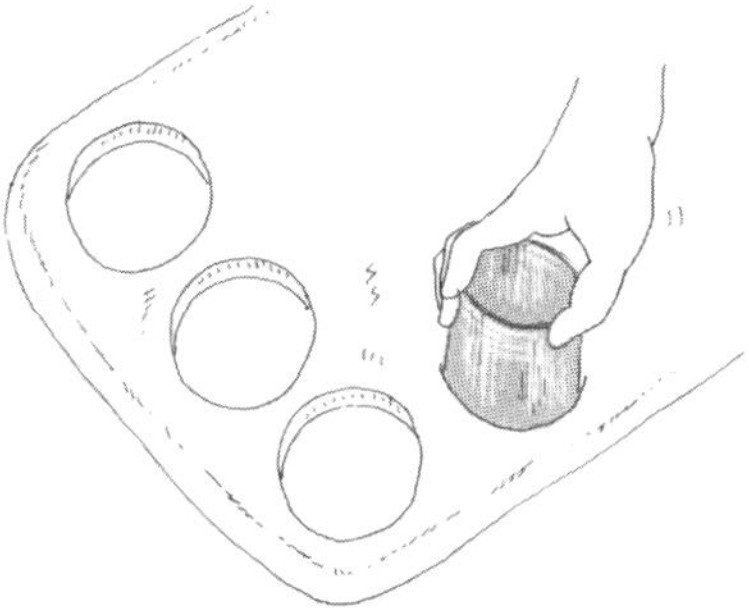

5.ラップに包んで休ませた生地を1.7cm厚さに伸ばし、丸型で抜く

6.天パンに並べ、生地の表面に塗り卵をし、オーブンで焼く

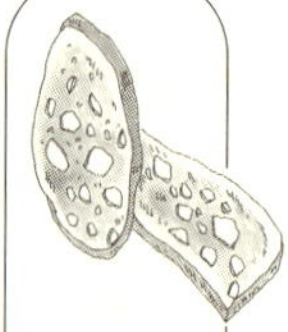

ラスク

古くなったバゲットが大変身

●シンプルなラスク二種

食べきれなかった「バゲット」は、おやつにもおつまみにもなり、しかも保存が効く「ラスク」にしてみましょう。

残りものがこんなにおいしくなるのかと、驚くぐらいの大変身です。食パン（3等分に切る）でもできますよ。ラスクは、乾燥剤を入れたビンに入れて冷暗所に置けば、20日間くらいは日持ちします。

シナモンシュガーのラスクは、ほどよい甘さがあとをひきます。混合スパイスのラスクは、なんといってもビールに合います。

［材料］「全粒《ぜんりゅう》バゲット」（58頁）1本、バター適量

Ⓐ＝シナモンシュガーのラスク（てんさい糖60g、シナモンパウダー少々）

Ⓑ＝混合スパイスのラスク（天日塩10g、香辛料〔ブラック・ホワイトなどのペッパー類やタイム、セロリ、オレガノ、マージョラムなど好みのスパイス〕各適量。「スパイシーソルト」など混合スパイスを買っておくと便利）

［つくり方］①全粒バゲットは厚さ1㎝に切って天パンに並べ、200℃に温めておいたオーブンに入れて、7～8分間、かるく焼き色がつく程度に焼きます。

②Ⓐのてんさい糖とシナモンパウダーを混ぜ合わせ、シナモンシュガーを。Ⓑの天日塩とブラックペッパー等のスパイス類をよく混ぜ合わせて混合スパイスをつくります。

③焼き上がったバゲットはしばらくおいて冷まし、バターを塗って、②のⒶ、Ⓑそれぞれ好みのトッピングを適量ふり、再びオーブンで2～3分間焼きます。

楕円形はバゲット、角形は食パンでつくったアーモンドラスク

●香ばしいアーモンドのラスク

コクのある甘味で、子どもから大人まで楽しめる贅沢《ぜいたく》なおやつ。アーモンドスライスは最後に加え、形をくずさないように混ぜます。

［材料］「全粒バゲット」（58頁）1本、アーモンドペースト（無塩バター50g、てんさい糖50g、アーモンドスライス30g、生クリーム15g、シナモンパウダー2g、天日塩1g、シロップ（てんさい糖75g、水25g））

［つくり方］①全粒バゲットはシナモンシュガーのラスクと同様に切って焼きます。

②バターは室温に戻し、てんさい糖、天日塩、シナモンパウダーを混ぜ合わせ、生クリームを加えます。

③てんさい糖と水を火にかけてシロップをつくり、②に混ぜ、アーモンドスライスも加えて混ぜ合わせます。

④焼いたバゲットに③のアーモンドペーストを塗り、200℃のオーブンに入れてきつね色になるまで焼きます。

野菜だけのカレー

売り切れご免の人気パン

●よく炒めたタマネギが味の決め手

『カントリーグレイン』のカレーパンのあんは、その名のとおり野菜だけ。肉類はもちろん、卵も牛乳も使わないので、アトピーの方にも安心して食べていただけます。できるだけ酸化しないように、油で揚げずにオーブンで焼くのも特徴です。

　年代を問わず好まれるためか、すぐに売り切れてしまうんですよ。

［材料］（10個分）パン生地（国産小麦粉300g、てんさい糖15g、天日塩4g、カレー粉3g、グレープシードオイル30g、水150g、生イースト9g）、野菜だけのカレーあん（タマネギ〔みじん切り〕・ジャガイモ〔ゆでてつぶしてマッシュポテトにしておく〕・グレープシードオイル・天日塩・カレー粉・野菜ソース・リンゴ〔すりおろす〕各適量）、パン粉適量

［つくり方］①野菜だけのカレーあんをつくります。グレープシードオイルでタマネギをあめ色になるまでじっくり炒《いた》め、ジャガイモのマッシュを加えて混ぜ合わせ、残りの材料も加えて、ルウのかたさになるまで火にかけて水分をとばします。

②パン生地は、てんさい糖、天日塩、水をボウルに入れ、泡立て器でよく混ぜます。

③別のボウルに生イーストを入れ、ぬるま湯で溶き、15～20分間おきます。

④国産小麦粉の中に③のイーストと残りの材料を入れて混ぜ合わせ、全体にまとまったら台に移します。

⑤台の上でこね、弾力とハリが出てきたら、グルテン膜のチェックをします（33頁）。

⑥こね上がった生地をボウルに入れ、ラッ

しみじみ体にやさしい野菜だけのカレーパン。生地にもカレー粉を入れて、風味豊かに焼き上げました

プをかけて36〜38℃で50分間一次発酵させます。

⑦生地が2.5倍にふくらんだらガス抜きをし、台にとり出して50gずつ10個に分割し、5分間ベンチタイム(休ませる時間)をとります。

⑧めん棒で直径10㎝の円形に伸ばし、生地の中央に①のカレーあんをディッシャーですくってのせ、包み、合わせめをしっかりくっつけます。

⑨小さいボウルに水をはり、パンの上部をさっと浸して、ぬれた部分にパン粉をつけ、閉じめ（パン粉のついていないほう）を下にして天パンに並べ、36〜38℃で50分間二次発酵させます。

⑩生地が2.5倍にふくらんだら、180〜200℃に温めたオーブンに入れて約15分間焼きます。

［**メモ**］野菜ソースは添加物を加えず、文字どおり野菜だけでつくられるソースで、自然食品店などで入手できます。なければトマトピュレ等で代用しても結構です。

和風ピザ

豆腐とナッツがチーズ役

●ベジタリアンにもおすすめ

チーズの代わりに豆腐とナッツでつくるチーズもどきをのせて焼く「和風ピザ」。

［材料］（2枚分）ピザ台（国産小麦粉150g、薄力粉50g、天日塩3g、グレープシードオイル13g、水100g）、豆腐チーズ（豆腐150g、カシューナッツ40g、豆乳60g、天日塩・こしょう・ナツメグ各少々）、トマトソース（トマト（皮を湯むきしてざく切り）・ニンニク（刻む）各適量、天日塩・こしょう各少々）、オリーブ油少々、緑・黄ピーマン・プチトマト各適量

［つくり方］①豆腐チーズをつくります。カシューナッツ（水に浸してやわらかくする）、豆腐（よく水切りする）の順にフードプロッセッサーに入れてクリーム状にし、豆乳で濃度を加減して味を整えます。

②トマトソースをつくります。鍋《なべ》にトマトとニンニクを入れてぐつぐつ煮込み、水分がなくなり、ソース状になったら調味します。

③ピザ台をつくります。国産小麦粉と天日塩をふるいにかけ、これに水とグレープシードオイルを交互に少しずつ加えながら混ぜ耳たぶのかたさになるまでしっかりこねます。

④生地を台に移して110gに2分割し、かるく丸めて10分間ぐらい休ませます。

⑤めん棒で生地を直径22㎝の円形に薄く伸ばし、ラップをかけて乾燥しないようにしておきます。

⑥ピザ台にオリーブ油を塗り、トマトソースを平均に伸ばします。ピーマン、プチトマトを散らし、①の豆腐チーズを薄く伸ばして180℃のオーブンで約25分間焼きます。豆腐チーズに焦げ目がついてから、とり出します。

一見普通のピザですが、実は豆腐チーズで焼くかるい口当たりの和風ピザ

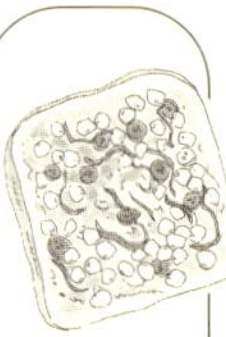

パンの耳のピザ

残り物はいっぱいおいしい！

●食パンの端耳をピザ台にして

食パンの端耳は、皆さんどうしていらっしゃるでしょうか。パン粉にするなど上手に活用していればよいのですけど、切り落として捨ててしまうのは、本当にもったいないこと。

このピザは、そんなミソっかすの端耳を、いえ、端耳だからこそ出せるカリカリっとした食感を生かして、ピザ台にしたものです。トッピングは手近にある好みの材料でよいのですが、このピザ台にはマヨネーズ味がよく合うので、試してみてください。

食パンでつくる一般的なピザトーストとはひと味違うおいしさが味わえます。

［材料］（2枚分）食パンの端耳（1㎝厚さ）2枚、オリーブ油少々、コーン粒（缶詰）・プチトマト・刻み海苔《のり》・マヨネーズ各適量

［つくり方］①食パンの端耳の白い生地面にオリーブ油をさっと塗ります。

②①のオリーブ油を塗った上にコーン粒、プチトマトのスライスを彩りよく並べ、マヨネーズを細い糸状に絞り出します（グラシン紙を先細に巻いて袋をつくり、マヨネーズを入れて絞り出す）。

③②の上に刻み海苔を散らして180℃に温めたオーブンで約5分間、マヨネーズに焦げ色がつくまで焼きます。

［メモ］ 端耳を切るときは、パンの凹みに注意して、切りとった生地に穴があかないようにします。切り落としたものを冷凍保存しておくと便利。

マヨネーズ味に限らず、もちろんトマトソースもよく合います。ピーマンやハムをのせ、モッツァレラチーズを散らせば、即席ピザのできあがりです。

好みの具をたっぷりのせて、軽食やおやつにもどうぞ

あんパン

カボチャあんパンと田舎つぶあん

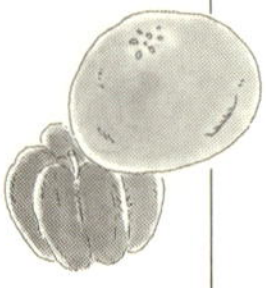

●カボチャあんパンは生地もおいしい

あんパンは、日本人がつくり出したお菓子パンの傑作だと思います。今回は、おなじみのアズキあん入り「田舎つぶあん」（92頁）のほか、「カボチャあんパン」をご紹介したいと思います。カボチャをあんだけでなく生地にも混ぜてつくりますから、中も外も丸ごとカボチャ風味です。

［材料］（10個分）パン生地（国産小麦粉225g、てんさい糖30g、天日塩3g、牛乳35g、水35g、グレープシードオイル20g、卵（有精卵）中1個、生イースト7g）、カボチャ（マッシュ）80g、カボチャあん（カボチャ［マッシュ］400g、てんさい糖適量、好みでシナモンパウダーやアーモンドスライス少々）

［つくり方］①カボチャは蒸して皮を除き、つぶします。水分が多いものは再び火にかけて練り、水分をとばします。これを生地用とあん用に分けておきます。

②パン生地の材料をボウルに入れて混ぜ合わせ（グレープシードオイルは最後に加える）、全体にまとまったら台に移す。

③台に移した生地を10分間ほどこねたところで生地を押してつぶし、中央に①のカボチャのマッシュを置いて包み、生地にカボチャが均一に混ざるようにさらにこねます。

④生地がこね上がったらボウルに入れ、ラップをかけて36～38℃で60分間一次発酵させ、ガス抜きさせます。

⑤カボチャあんは①でとり分けたマッシュの味をみて、てんさい糖で甘みを調節し、好みでシナモンパウダーやアーモンドスライスを加え、40g大に丸くまとめます。

[カボチャあんパンのつくり方]

1. カボチャは蒸してつぶし、生地用とあん用に分ける

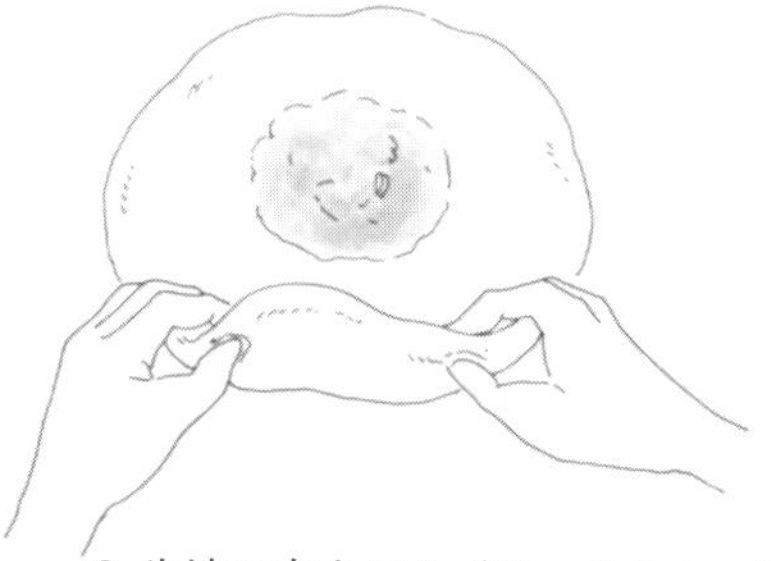

2. 生地の中央にカボチャを入れ、練り混ぜてカボチャ生地をつくる

3. カボチャあんは甘みと水分を整え、10 個に丸める

4. 10 個に分割したカボチャ生地を直径 8 cm の円形に伸ばす

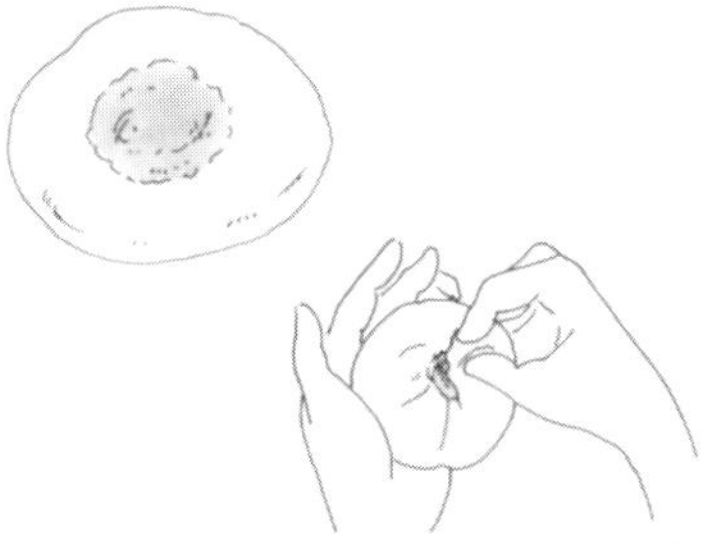

5. 生地にあんを置いて包み、しっかり閉じて、合わせめを下にして並べる

6. 二次発酵が終了したら溶き卵を塗り、アーモンドスライスをのせて焼く

●あんを中央に入れてしっかり包む

⑥一次発酵を終えた生地は台にとり出し、40gずつ10個に分割し、かるく丸めて5分間ベンチタイムをとります。

⑦⑥の生地をめん棒で直径8㎝ぐらいの円形に伸ばし、⑤のカボチャあんを中央に置いて茶巾《ちゃきん》絞りの要領でていねいに包み、合わせめをひねってしっかり止めます。

⑧天パンに閉じめを下にして並べ、36～38℃で60分間二次発酵させます。

⑨生地が2倍にふくらんだら溶き卵（分量外）を刷毛で塗り、アーモンドスライスを3～4枚のせます。

⑩200℃に温めたオーブンに入れ、約7～8分間こんがりと焼き色がついたらとり出します。

●昔ながらの田舎つぶあんパン

あんパンは、カボチャのほかサツマイモも人気があります。

次はおなじみのアズキでつくる「田舎つぶあん」。あんパンは、中のあんがおいしくなければ納得のいく仕上がりになりませんから、アズキは心を込めて炊いています。

［材料］（10個分）パン生地（国産小麦粉255g、てんさい糖30g、天日塩3g、牛乳35g、水40g、グレープシードオイル25g、卵（有精卵）中1個、生イースト8g）、つぶあん400g、黒ゴマ少々

［つくり方］①一次発酵が終わった生地（74頁つくり方①～⑧に同じ）を45gずつ10個に分割し、5分間ベンチタイムをとります。

②めん棒で直径8㎝の円形に伸ばした生地の中央につぶあんをディッシャーで1杯ずつとってのせ、包みます。合わせめをしっかりくっつけて閉じ、天パンにのせて36～38℃で60分間二次発酵させます。

③生地が2倍にふくらんだら溶き卵を塗り、上に黒ゴマをふります。

④200℃に温めたオーブンに入れて7～8分間様子を見ながら焼きます。

第4章

夢をのせて
古代米や大麦でパンを焼く

深みのある焼き色が美しい

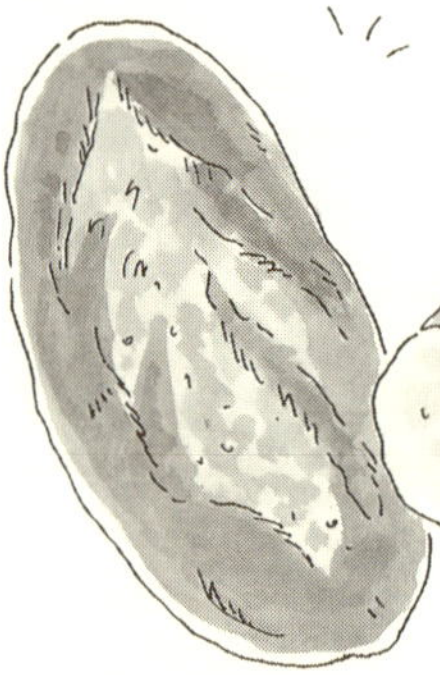

卑弥呼(P.20、P.98〜)

野菜パン
(P.20、P.106〜)

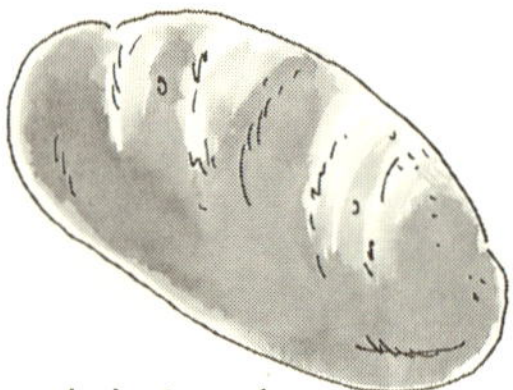

玄米チーズ

カントリーグレインのナチュラルパンいろいろ

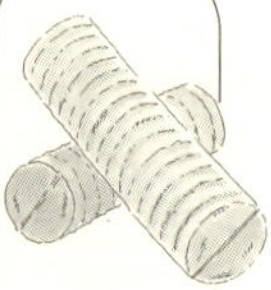

米俵

ごはんが好きだから お米パン

●小麦粉のパンにはない食感

国産小麦はまだまだ品薄で、国内で使用される小麦粉はほとんどが輸入品だというのに、米余り、減反などという言葉を耳にすると悲しくなってしまいます。私はパン屋をしていますが、ごはんも大好きです。農家の方が丹精込めたお米で、日本ならではのパンを焼いてみたいとずっと思っていました。

夫や息子が応援してくれて、試行錯誤の結果完成したのが、この「米俵」。私の夢がいっぱい詰まったお米パンです。

パンはグルテン質があって、ふくらむもの。グルテンのないお米をパンにするのは勇気のいることでしたが、小麦粉と合わせ、筒形にすることで、なんとか解決しました。フタつきのとよ（樋）型で焼くと、本当の米俵のような外観に仕上がります。

お米の持ち味であるモチモチっとした食感とほんのりとした甘味が口の中に広がって、日本のパンの新たな一頁が開けたような、うれしいおいしさです。トーストにすると、まるでお煎餅《せんべい》のような味と香りになりますから、ぜひ試してみてください。

【材料】（とよ型27・5×10㎝1台分）国産小麦粉300g、玄米（または白米）125g、てんさい糖8g、天日塩《てんぴじお》6g、グレープシードオイル20g、水275g、生イースト12g、グルテン粉（自然食品店などで入手）5g

【つくり方】①玄米または白米は米の容量の2倍の湯に一晩つけてやわらかくしておき、翌日つけ水ごとフードプロセッサーにかけてクリーム状にします（使用した水は仕込み水の分量から差し引くこと）。

②国産小麦粉と①の玄米、てんさい糖、天

日塩、水、生イースト、グルテン粉をボウルに入れて混ぜ、まとまりかけたらグレープシードオイルを入れてさらに混ぜ合わせます。

③全体にまとまったら台に移し、力を入れてこねていきます。手に生地がつかなくなり、弾力とツヤが出てなめらかになるまで根気よくこねます。

④生地を広げてグルテン膜のチェックをします（33頁）。

⑤こね上がった生地をボウルに入れ、ラップをかけて36～38℃で50分間一次発酵させます。

お米のパンは、とよ型で焼くと米俵のような形に

⑥生地が約2.5倍の大きさになるまでふくらんだらガス抜きをして台の上にとり出します。

⑦生地をめん棒で長方形に伸ばし、さらにとよ型の長さに横幅を整えて、奥から手前にくるくると巻きます。

⑧⑦の巻き終わりを下にしてとよ型に入れ、生地の上を握りこぶしで押して平らにしておきます。

⑨⑧の上にぬれ布巾《ふきん》をかけて36～38℃で50分間二次発酵させます。生地のてっぺんがとよ型の縁までふくれてきたらフタをします。

⑩200℃に温めたオーブンに入れ、180～200℃で40分間焼きます。

［メモ］生の玄米を使うので、一次発酵、二次発酵とも早く完了します。ふくれ具合をよく注意して見て、過発酵にならないようにしてください。

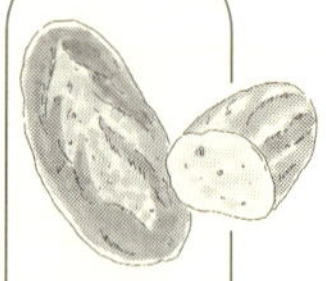

卑弥呼

紫米が紡ぐ どっしりとした風格

●紫米の色と香り、食感を楽しむ

紫米は、古代米の一種である黒米を精米しやすいように日本で改良した品種で、もち米とうるち米（粘り気の少ない普通の米飯用の米）とがあります。古代米の中でも味がよく、鉄分やカルシウム、亜鉛などミネラルが豊富だとされていますが、なにより私が魅《ひ》かれるのは古《いにしえ》より伝承されてきたその深みのある色とパワーです。

古代米と国産小麦粉が紡ぎ出すパンですから、「卑弥呼《ひみこ》」と名付けました。

紫米をペースト状にして、天然酵母パンに練り込みます。つくり方は少々手間がかかりますが、ぜひご紹介したいと思います。紫米特有の色と香り、粘りのある食感を楽しんでください。どっしりとした重いパンなので、薄めに切って生ハムやオイルサーデンなどと合わせて、オープンサンドにしてはいかが。

［材料］（2本）国産小麦粉375g、全粒粉《ぜんりゅうふん》25g、紫米（玄米）40g、天日塩10g、生種《なまだね》（34頁。36頁の場合は2倍量を使用）26g、水190g

［つくり方］①紫米は米の容量の2倍の湯に一晩つけてやわらかくしておき、つけ汁ごとフードプロセッサーまたはミキサーにかけてクリーム状にします（紫色のクリーム状になる。使用した水は仕込み水の分量から差し引くこと）。

②国産小麦粉、全粒粉と①の紫米、天日塩、生種、水をボウルの中でよく混ぜ合わせ、全体にまとまったらボウルからとり出し、台に移します。

③台に移した生地を一度丸めてからこねます。ツヤと弾力が出てきたら、生地を広げて

中もしっとり落ち着いた紫色に

香ばしく焼き込んで

グルテン膜のチェックをします（33頁）。

④こね上がったら生地をボウルに入れてラップをかけ、26～28℃で6～8時間くらい一次発酵させます。

⑤生地が約2倍にふくらんだところでガス抜きをします。

⑥生地を台にとり出して330gずつ2分割し、かるく丸めて5分間ベンチタイム（休ませる時間）をとります。

⑦分割した生地を両手で前後にころころ転がして長さ約20cmの棒状に成形し、キャンバス地に閉じめを下にして並べます。

⑧布をつまんで壁をつくり、ぬれ布巾をかけて36～38℃で1時間二次発酵させます。

⑨生地が約2倍にふくらんだらパンの上部に等間隔に箸《はし》を差し込んで（厚みの3分の2ほどの深さ）くるくる回して直径1cmのガス抜きの穴をあけます。

⑩200℃に温めたオーブンに入れ、約20分間こんがり焼き色がついたらとり出します。

大麦の詩

かろやかで歌うような味わい

●あたたかみのある栄養価も高いパン

大麦でパンをつくる？　と驚かれるかもしれませんね。グルテンがないので大麦だけではふくらみませんが、小麦を合わせて用いればなかなか味わい深いパンができます。それが「大麦の詩」です。

パン工房の隣のレストラン『把雲里《ぱんり》』では、鶏肉の香草煮をはさんだサンドイッチにしてお出ししています。お客さまに「このパンは何かしら？」と聞かれることも度々で、気に入ったからとお土産に求めてくださいます。大麦パンは私の大好物ですから、そんな時には、わが意を得たりとうれしくなります。

大麦は、日本最古の医学書『医心方《いしんぽう》』で五穀の中でも最良のものとされ、熱毒を除いて内臓の働きを整えると記されているとか。栄養的には、一般にお米の10倍の繊維、4倍のカルシウムが含まれているといわれていますから、もっと見直されていい食材だと思います。大麦パンは口溶けのよさが特徴で、パンはのどに詰まるからと敬遠しがちな方にもおすすめして、喜んでいただいております。

私は大麦の栽培もしていますが、風土によく合って小麦より育てやすいほどです。ここでは、粉類を二度に分けて時間差をとって加える方法で生地づくりをします。

【材料】（オーバル形籐《とう》製のかご22×10cm1台分）国産小麦粉150g、大麦粉70g、てんさい糖10g、天日塩3g、グレープシードオイル15g、水150g、ドライイースト3g

【つくり方】①ドライイーストは少量のぬるま湯に入れて溶かしておきます。

②国産小麦粉100g、大麦粉50g、てんさい糖、天日塩、グレープシードオイル、水をボ

[大麦の詩の成形の手順とコツ]

1. 生地(つくり方⑨)を楕円形に伸ばす

2. 一度裏返して上部⅓を手前に折る

3. さらに左右両端を内側に折り押さえる

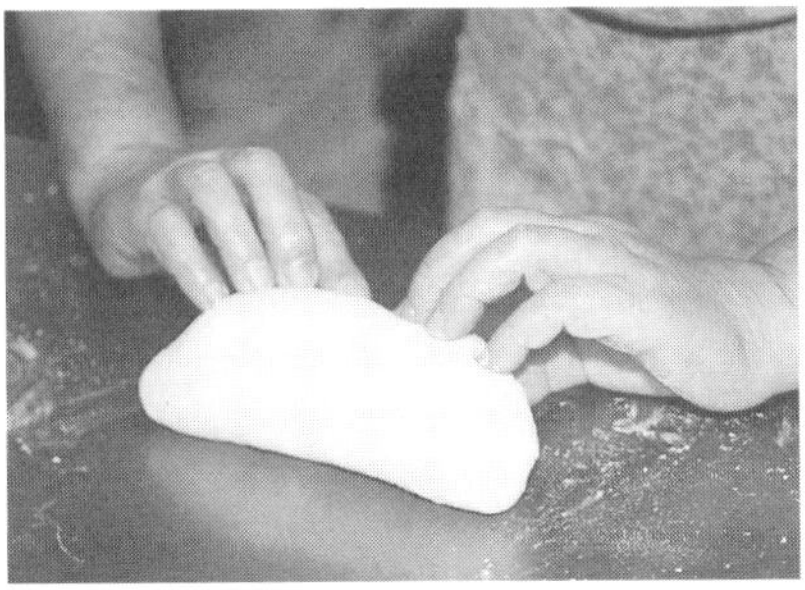

4. 手前の生地をかぶせるように折り返し半回転させ閉じめを押さえる

5. 閉じめは、しっかりと生地になじませる

6. 生地を転がし型に合わせて形を整える

ウルに入れてよく混ぜ合わせ、約30分間休ませます。

③②のどろどろした生地の中に、残りの国産小麦粉と大麦粉を入れて混ぜ、①の溶かしたイーストも加え混ぜます。

④ボウルの中で30分間ほどこね、まとまってきたらボウルからとり出し、台に移します。

⑤台に移した生地を、体重をかけながら、押し出しては元に戻すこね方で20～30分間繰り返しこねるとツヤ、弾力が出てきます。

●黒いなと思うくらいしっかりと焼く

⑥生地を広げてグルテン膜のチェックをします。大麦粉入りなので生地はそれほど伸びません。すぐ切れてしまってもOKです。

⑦こね上がったらボウルに入れ、ラップをかけて36～38℃で約1時間一次発酵させます。

⑧指で発酵状況の確認をし（50頁）、発酵が終了したらガス抜きをして台に移し、かるく丸めて5分間ベンチタイムをとります。

⑨丸くなっている生地をめん棒で楕円形《だえんけい》に平らに伸ばします。これを一度裏返したのち、上部（奥）3分の1を手前に折り返します。

⑩次に左右両端を内側に3㎝ほど折り返してかるく押さえ、手前の生地を奥へ、⑨で折った部分にかぶせるようにして折り返します。閉じめを指でしっかり押さえ、生地がなじむようにしておきます。

⑪さらに生地を前後に転がしながら籐製のかごの大きさに合わせ形を整えます。

⑫粉をふった籐製のかごに成形した生地を、閉じめが上になるように入れます。

⑬36～38℃で45分間二次発酵させます。

⑭2.5倍の大きさまでふくれ、生地のてっぺんがかごの縁までになったら生地の底が上にくるように（ひっくり返すようにして）かごから天パンに生地を静かに移します。

⑮生地にクープ（切れ込み）を大きく1本入れ、200℃に温めておいたオーブンで目安として25分間焼きます。大麦パンは火通りが悪いので、しっかり焼いてください。

[大麦の詩の二次発酵と焼き方のコツ]

1.型に粉をふっておく(つくり方⑫)

2.生地の閉じめを上にして型に入れる

3.しばらく置いて二次発酵させる

4.約2.5倍にふくらんだら、返すように出して天パンへ

5.中央に大きなクープ、周囲に籐のかごの縞(しま)模様が入った大麦の詩

ケナフパン

生葉を貼って焼き上げる

●乾燥させた葉を粉末にして混ぜる

ケナフはアフリカ原産の一年草の植物で、近年、「環境にやさしいマルチ草」として注目されています。紙の原料、食材としても利用されています。ケナフの干し葉を生地に混ぜ、生葉を貼《は》って焼き上げたら、素朴でどこか懐かしい味わいのあるパンになりました。

[材料]（食パン型23×9×9㎝1台分）「食パンの歌」（48頁）の生地、ケナフの干し葉5枚、ケナフの生葉3～4枚

[つくり方] ①ケナフの葉5枚は日陰干しにして、手でもんで粉末状にしておきます。

②グレープシードオイル以外の生地材料をボウルに入れて混ぜ合わせ、最後にオイルを加えて全体にまとまるまでこねていきます。

③10分間ほどこねたら、①を加え、さらにこねます。全体に混ざったら台に移し、体重をかけて前方から後方に向かってこねます。

④繰り返して弾力とツヤが出てきたところで、かるく丸めてボウルに戻してラップをかけ、36～38℃で50分間一次発酵させます。

⑤ガス抜きをしてベンチタイムをとり、台に移して200gずつ2分割し、丸めて再びベンチタイムをとります。

⑥丸い形の生地を平らに押しつぶして手前から奥へ半分に折り、さらに右から左へ折り返しイチョウ葉形にして、丸形に整えます。

⑦食パン型に生地を並べ入れ、36～38℃で40分間二次発酵させます。

⑧ケナフの生葉に水をつけて、発酵が終わった生地の上側にバランスよく貼りつけます。

⑨フタをして200℃に温めたオーブンで25分間焼きます。フタをすることで、ふくらんだ生地にケナフの葉がぴったりと張りつきます。

[環境植物ケナフとケナフパン]

若葉をあんパンなどに貼ってもおもしろい

干し葉は粉末にして生地に混ぜ込む

表面に生葉を貼って焼き上げる

一年草で背丈は５～６ｍにもなる

ケナフはハイビスカスに似た花が咲く

野菜パン

ホウレンソウとニンジンの競演

カラフルで、しかもおいしい野菜パン。ドイツの代表的なパン、カイザーゼンメルの放射型を押して、楽しいプチパンに仕上げました。野菜はゆでてよく水分をきって使います。

●ホウレンソウのカイザーゼンメル

［材料］（10個分）国産小麦粉370g、てんさい糖23g、天日塩5g、水180g、生種（34頁。36頁の場合は2倍量を使用）23g、ホウレンソウ（ゆでてみじん切りにしたもの）80g

［つくり方］①ホウレンソウ以外の材料をボウルに入れて混ぜ合わせ、こねます。台に移して平らにし、ホウレンソウを中央に置いて包み、しっかり練り混ぜます。

②①の生地をボウルに移して26〜28℃で10時間一次発酵させ、ガス抜きします。

③生地を台にとり出し、かるく丸めて60gずつ10個に分割し、生地の表面がなめらかになるように丸めなおして天パンに並べます。

④粉をつけておいたカイザーゼンメル用の型を生地に押しつけ（生地の底の皮1枚ほどを残す感じで押す）、模様をつけます。

⑤36〜38℃で50分間、2.5倍になるまで二次発酵させ、200℃のオーブンで20〜25分間焼きます。

●ニンジンのカイザーゼンメル

［材料］（10個分）上記のホウレンソウ以外の生地材料、ニンジン（ゆでて刻み、すりつぶしたもの）80g、黒ゴマ10g

［つくり方］①生地の材料をボウルに入れて混ぜ合わせ、ニンジンも加えてこねます。

②同様にこねて一次発酵させ、60gに分割して丸め、二次発酵させて表面にゴマをふり、200℃のオーブンで色よく焼きます。

第５章

自由自在に
パンをおいしく食べる

パン工房の外では麦穂が風にそよぐ

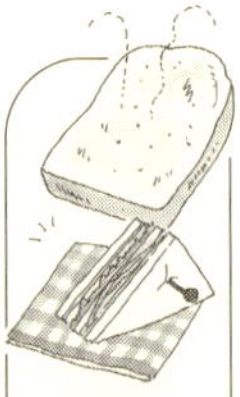

コツのコツ

トースト&サンドイッチは奥が深い

●トーストのコツ

おいしいパンを焼いたら、ぜひおいしく食べてほしいと思います。ひと手間かけてトーストすると、味が断然違ってきます。

　私がおすすめしたいのは、溝つきのホットプレートで焼く方法です。プレートの溝部分に水（15 ccほど）を入れて熱し、パンを置いて蒸気が立った中で両面を焼くと、パサつかずにしっとり仕上がります。天然酵母パンには特によく、またかたくなったバゲット（細長いフランスパン）も、見事によみがえります。

　このほか金網で焼く場合は、よく使い込んだ網を火にかけて熱し、弱火にしてパンをのせます。オーブントースターを使う場合は、必ず余熱をしてトースター内を温めてからパンを入れます。受け皿に落ちたパン屑《くず》は異臭の元、溜《た》めずにこまめに捨てましょう。

●サンドイッチのコツ

サンドイッチに使うパンは、焼きたてより2日めのパンが向きます。焼き上がってすぐのパンは水分が多く、切りにくいからです。

　パンには必ずバター等を塗り、具の水分を遮断するようにします。野菜など水分の多い具をはさむ場合は、よく水けをふいておきましょう。具の調味料は、少し濃いめに。パンにも塩気がありますから、薄味だと主役であるはずの具が引き立たず、頼りない味になってしまいます。具の入れ方は、レタスなどの葉物を上下に、その間に細かい具をはさむと安定します。パンの厚さと具のバランスも考慮してください。はさんだらぬれ布巾《ふきん》で包みます。できあがったサンドイッチを切るときは、包丁は押さえつけずに、前後に引きながら切るのがポイントです。

[トースト&サンドイッチが断然おいしくなる]

サンドイッチ３つのコツ

1.野菜の水けをよくふくこと。キュウリは塩とレモン汁をふって、出てきた水分をふく。トマトは紙タオルにはさんで

2.レタスなどの葉物を上下にし、細かい具はのせてはさむ

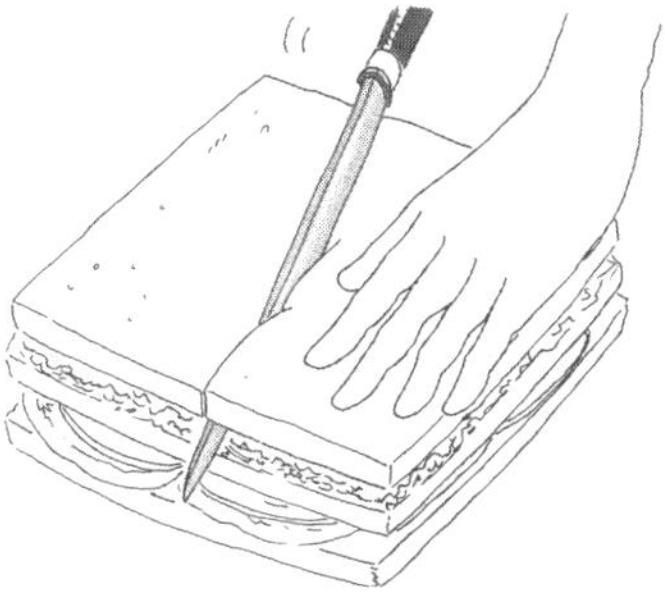

3.包丁を前後に引きながら切る

トースト３つのコツ

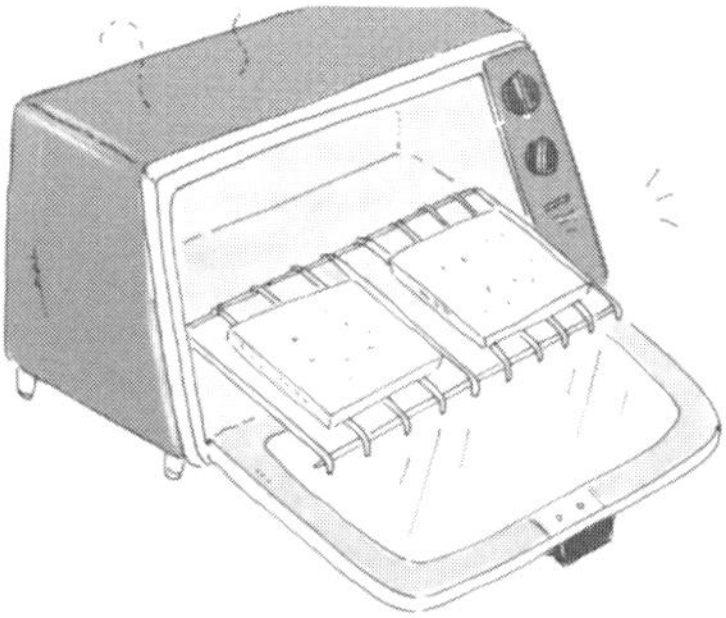

1.オーブントースターは必ず予熱してから使う

2.溝つきのホットプレートの溝部分に水を入れて加熱し、パンを焼く方法がおすすめ

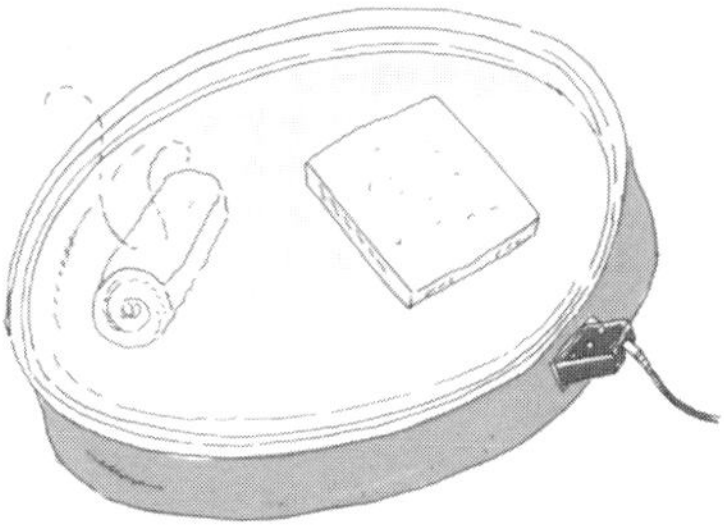

3.溝なしのプレートには隅にぬれ布巾やおしぼりを置くとよい

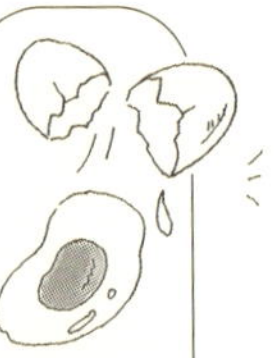

卵サンド

ゆで卵と卵焼きはお好み次第で

子どもにも大人にも喜ばれるのは、なんといっても卵サンド。二品を紹介します。

●ゆで卵のサンドイッチ

［材料］「山型ホワイト」（44頁）や食パン1人分は1㎝厚さ2枚、卵、グリーンアスパラガス、ベーコン、サラダ菜、プチトマト、マヨネーズ、塩、練りからし、バター

［つくり方］①卵はゆでて輪切りにし、グリーンアスパラガスは色よくゆでます。

②ベーコンは細切りにし、さっと炒《いた》めます。

③パン2枚はトーストし、片面にからしバターを塗ります。1枚にサラダ菜を敷き、卵を並べ、スライスしたプチトマトをのせます。巻いたグラシン紙にマヨネーズを入れて細く絞り出し、塩をふってグリーンアスパラガス、ベーコンをのせ、マヨネーズを絞ってサラダ菜をのせ、もう1枚のパンを重ねます。

●焼き卵のサンドイッチ

タマネギを混ぜてジューシーに焼き上げた卵焼きをサンド。野菜もたっぷりはさみます。

［材料］「米俵」（96頁）や食パン1人分は1㎝厚さ2枚、卵、タマネギ、紫タマネギ、レタス、サラダ菜、マヨネーズ、トマトソース、黒粒こしょう、ガーリックバター（122頁）、バター

［つくり方］①バターを熱してタマネギのみじん切りを炒め、溶き卵を流し入れて、かき混ぜながらかためのの半熟に焼きます。

②紫タマネギは薄切り、レタスはざく切りにし、ざっと混ぜ合わせます。

③パン2枚の片面にガーリックバターを塗り、1枚に②を敷き、マヨネーズを細く絞ります。黒粒こしょうをミルで挽《ひ》いてふりかけ、卵をのせ、トマトソースを塗ってサラダ菜をのせ、もう1枚のパンを重ねます。

具だくさんのゆで卵のサンド。食べやすい大きさに切ってめし上がれ

海の幸サンド

特製オイルサーディンをメインに

●手づくりのオイルサーディンで

ベーグルには、オイルサーディン（イワシの油漬け）やスモークサーモンなど海の幸がよく合います。オイルサーディンは缶詰でもOKですが、手づくりの味はまた格別。日持ちするので、つくりおきしておくと便利です。

［材料］「オニオンベーグル」（68頁）、オイルサーデン（目安はイワシ500g、白ワイン100cc、オリーブ油200cc、塩、こしょう、ローリエ、クローブ）、ソース（ニンニク、赤・黄ピーマン、生シイタケ、オリーブ油、塩、こしょう、レモン汁、オイルサーデンの油）、プリーツレタス、紫タマネギ、貝割れ菜など、粒マスタード、クリームチーズ

［つくり方］①オイルサーデンをつくります。大きなイワシなら三枚におろし、小ぶりなら頭と内臓を除き、薄い塩水でよく洗って塩、こしょうをふり、30分間おきます。バットに並べ、白ワインを注ぎ、ローリエをのせて、蒸し器で15分間蒸します。密閉容器にオリーブ油、クローブ、塩を入れて混ぜ、水けをふいたイワシとローリエを漬けます。二〜三日おけば身もしまり、食べ頃です。

②ソースをつくります。オリーブ油を熱し、ニンニクの薄切り、赤・黄のピーマンの角切り、生シイタケの薄切りを入れて炒め、塩、こしょうと①のオイルサーデンの油も少々入れて混ぜ、仕上げにレモン汁を加えます。

③ベーグルは横半分に切り、切り口に粒マスタード入りクリームチーズを塗ります。

④③のパンの半分にプリーツレタスをのせてオイルサーデンを並べ、②のソースをかけて紫タマネギの薄切り、貝割れ菜などを散らし、半分のパンを重ねます。

ゆでてから焼くベーグルは、むっちりとした食感。海の幸やチーズをはさんで

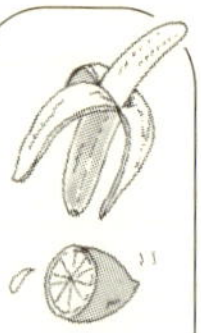

フルーツサンド

焼きバナナをお試しあれ

パンとフルーツとの相性はバツグン。見た目にも華やかで、おやつとしても楽しめます。

●サツマイモとリンゴのサンド

パンをくり抜いて器に。中身のフルーツは季節によってアレンジします。パンはブリオッシュやロールパンでもよいでしょう。

【材料】「たまごパン」(74頁)、サツマイモ、リンゴ、キウイ、レモン汁、塩、バター

【つくり方】①サツマイモは蒸して皮を除き熱いうちに粒が残るぐらいにつぶします。

②リンゴは角切りにして①に混ぜ、レモン汁と塩で調味します。

③パンの真ん中をペティナイフでくり抜き、バターを塗って②の具を詰め、穴の周囲にキウイの半月切りをぐるりとのせて飾ります。

●バナナの焼きサンド

バターで焼いたバナナって、本当においしいものです。パンにはさんだら上からちょっと押して、つぶしていただきます。

【材料】「大麦の詩」(100頁)または好みのパン1人分は1cm厚さ2枚、バナナ、バター、レモン汁、シナモンパウダー、レモンバター(バター、レモン汁)

【つくり方】①バナナは皮をむき、長ければ半分に切り、褐変を防ぐためにレモン汁少々をふっておきます。

②フライパンにバターを熱し、①のバナナを入れてごろごろ転がしながら焼き、少しあめ色になったらとり出します。

③バターにレモン汁を加えてバターが白くなるまで混ぜ、レモンバターをつくります。

④パン2枚をトーストして片面に③をしっかり塗り、1枚に②のバナナをのせてシナモンパウダーをふり、もう1枚を重ねます。

[華やかなフルーツサンドのつくり方]

バナナの焼きサンド

1.バナナにレモン汁をふり、
バターで焼く

2.トーストしたパンの片面にレモンバターを塗り、バナナをのせてシナモンをふる

3.もう1枚のパンを重ねて上からかるくゆすりながら押さえてバナナをつぶす

サツマイモとリンゴのサンド

1.蒸してつぶしたサツマイモに角切りのリンゴを混ぜ、レモン汁等で調味

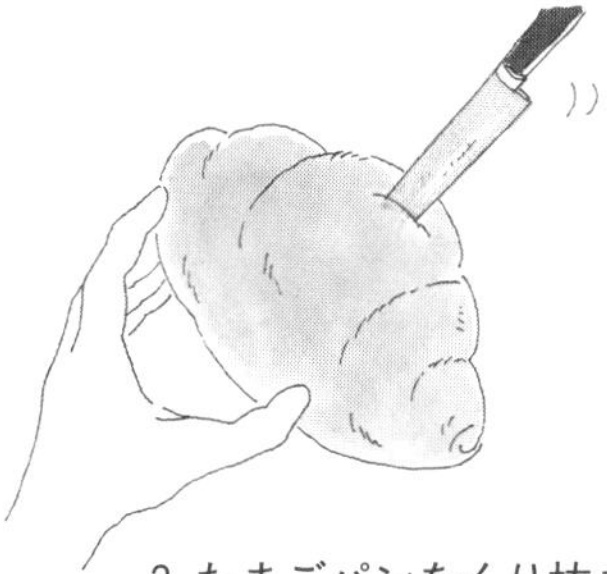

2.たまごパンをくり抜き、バターを塗って具を詰める

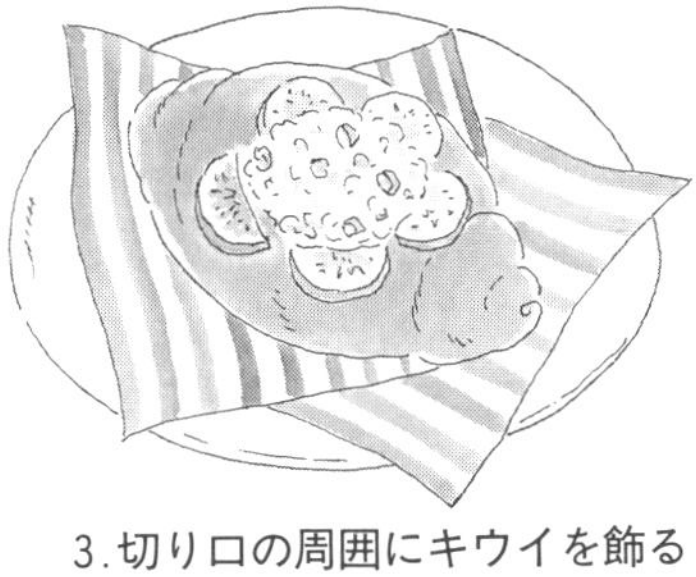

3.切り口の周囲にキウイを飾る

野菜サンド

ゆで野菜と生野菜の味比べ

●ゆで野菜のサンド

天然酵母のパンには甘酸っぱい野菜がよく合います。ピクルスをつくりおきにしておけば、大活躍。酸っぱいのが苦手な人は、ピクルスの上にマヨネーズを絞るとよいでしょう。

【材料】「メランジェ」(52頁)または好みのパン1人分は1cm厚さ2枚、ピクルス(野菜〔ニンジン、レンコン、ピーマン、セロリ、キュウリ、ダイコンなど〕、煮汁〔同量のリンゴ酢と水、塩、こしょう、ローリエ、ハチミツ〕)、バター

【つくり方】①ピクルスをつくります。煮汁の材料を合わせ、7mm厚さに切った野菜を入れて、歯ごたえの残る程度にゆで、火を止めてそのまま置いて冷まします。完全に冷めたら密閉容器に入れ、冷蔵庫で保存します。

②パン2枚にバターを塗り、①のピクルスを、平たくはさみます。

●生野菜のサンド

生野菜サンドには、レタス、キュウリ、トマトは必ず入れたい。あとはお好みでどうぞ。

【材料】「食パンの歌」(48頁)または好みのパン1人分は1cm厚さ2枚、レタス、好みの生野菜(トマト、キュウリ、タマネギ、紫タマネギ、貝割れ菜、セロリ、ピーマン、ニンジン、ダイコンなど)、グレープフルーツ、マヨネーズ、練りからし、バター

【つくり方】①野菜の下準備をします。レタスなどの葉物は氷水につけてパリっとさせ、よく水けをふいておきます。

②パン2枚にからしバターを塗り、1枚にレタスを敷いて、グレープフルーツ(皮を除き、輪切り)を置き、マヨネーズを絞って好みの野菜をのせ、もう1枚のパンを重ねます。

生野菜サンドの具は、基本のレタス、キュウリ、トマト以外はお好みで

鶏肉サンド

煮こごりものせてソース代わりに

●煮こごりものせてソース代わりに

しょうゆ味で煮込んだ鶏肉をトーストパンではさんだクラブサンド風の一品で、娘たちの大好物です。

鶏肉の香草煮は、少し濃いめの味つけにして、汁の煮こごりごとパンにのせソース代わりにします。つくりおきしておくとたいへん重宝します。冷やしてもおいしいので、オードブルにピッタリ。しっかり煮込んであるので、お弁当のおかずにもなります。

［材料］「大麦の詩」(100頁)または好みのパン1人分は1.5cm厚さ2枚、鶏肉の香草煮(鶏もも肉、赤ワイン、シナモンスティック、クローブ、しょうゆ)、レタス、紫タマネギ、香草類(大葉・クレソン、セロリなど)、プチトマト、バター、粒マスタード

［つくり方］①鶏肉の香草煮をつくります。鶏肉を深鍋《なべ》に入れ、水をひたひたに注いで、赤ワイン、シナモンスティック、クローブ、しょうゆを加えて強火にかけます。煮立ったら火を弱め、煮汁の表面が揺れるぐらいの火加減でことこと煮ます。串を差して透明な肉汁が出たら火を止め、そのまま冷まします。再び火にかけて煮、味を含ませます。火から下ろし、煮汁に漬けたまま冷まし、煮汁ごと密閉容器に入れて冷蔵庫で保存します。

②パン2枚はカリっと焼いてバターを塗り、その上に粒マスタードを薄く伸ばして、1枚にレタス(ざく切り)と紫タマネギ(薄切り)を混ぜたものをのせます。

③①の鶏肉をとり出して5㎜厚さの斜め切りにし、②に並べます。香草類をみじん切りにして散らし、薄切りのプチトマト、紫タマネギをのせてもう1枚のパンを重ねます。

鶏肉の香草煮をはさんだサンドイッチ。パンはカリカリに焼いて

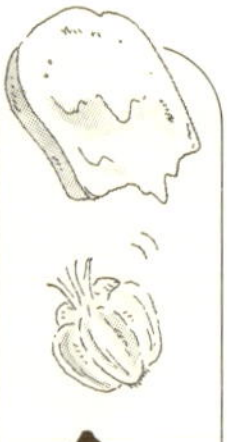

トースト
フレンチ&ガーリックの魅惑

●フレンチトースト

古くなったパンでもおいしくできます。

［材料］「山型ホワイト」（44頁）や「食パンの歌」（48頁）などプレーンなパン、卵液（卵、牛乳、砂糖）、バター

〈基本のフレンチトースト〉

［つくり方］①1㎝厚さに切ったパンをさらに横3等分に切ります。

②ボウルに卵を割り入れ、牛乳、砂糖を加え、泡立て器で混ぜ合わせます。

③①のパンを②の卵液に浸し、バターを熱したフライパンに入れ、両面を焼きます。

〈甘くないフレンチトースト〉

パンの厚さは3㎝、卵液には砂糖に変えて塩、こしょうを入れ、あとは同様にします。

●ガーリックトースト

トーストパンに生ニンニクをすりつけるだけの超簡単レシピです。もう一つ、ニンニク風味のオリーブ油で焼く方法もおすすめです。

〈生ニンニクトースト〉

［材料］「山型ホワイト」（44頁）や「食パンの歌」（48頁）など、ニンニク、バター

［つくり方］パンは1㎝厚さに切り、トーストします。皮をむいたニンニクを表面にこすりつけ、上にバターを塗って、もう一度軽くトーストします。

〈バゲットのガーリックトースト〉

［材料］「全粒《ぜんりゅう》バゲット」（58頁）など長形のフランスパン、ニンニク、オリーブ油

［つくり方］バゲットは長さ5㎝の筒切りにして、横半分に切りめを入れておきます。フライパンにオリーブ油を熱し、ニンニクの薄切りを入れて炒め、香りが出たらバゲットを入れて、転がしながら焼きます。

[フレンチトースト&ガーリックトーストのつくり方]

全粒バゲットのガーリックトースト

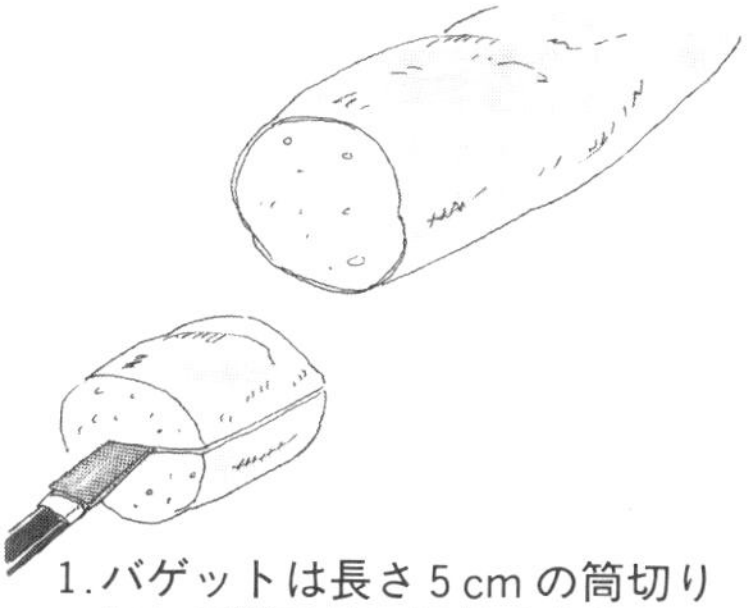

1.バゲットは長さ5cmの筒切りにして横半分に切りめを入れる

2.オリーブ油で薄切りのニンニクを炒めて香りを出し、バゲットを入れて焼く

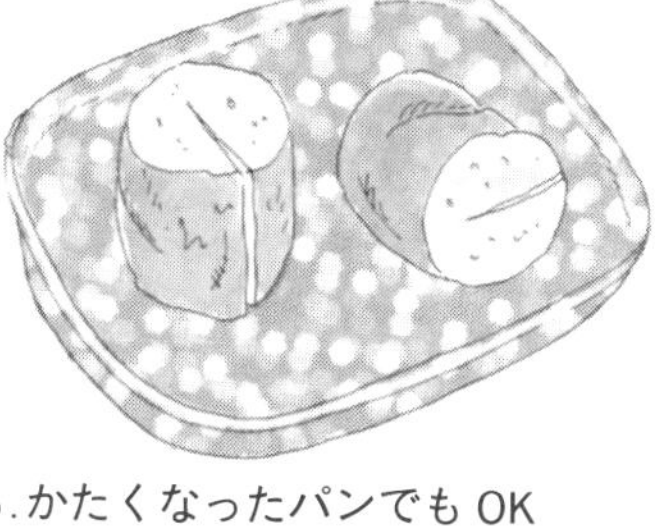

3.かたくなったパンでもOK

基本のフレンチトースト

1.卵、牛乳、砂糖を合わせた中に3等分に切ったパンを浸す

2.バターを熱したフライパンで両面を焼く

3.粉糖やシナモンをふってもおいしい

変わりバター

海苔とタラコとガーリック……!!

●パンの味がぐっと引き立つ

私は、身近にある材料を混ぜて、いろいろなオリジナルバターをつくっています。パンやクラッカーに塗れば、しゃれたオードブルになりますし、サンドイッチにはさんでも美味です。ラップに筒状に包んで冷凍保存しておき、そのつど切って使います。

●ガーリックバター

ニンニクは生のままだと辛みが強いので、私はゆでてから混ぜるようにしています。

［つくり方］ニンニクは皮をむいてゆがき、細かく刻みます（すりつぶせばよりていねい）。室温に戻したバターと混ぜ合わせます。

●海苔バター

磯の香りが不思議とバターに合います。

［つくり方］刻み海苔《のり》、細切り海苔はそのまま使用し、板海苔は水につけてすぐに絞ります。海苔を室温に戻したバターに加え、よく練り混ぜます。

●たらこバター

ホロ苦さが魅力です。甘塩たらこでつくりますが、お好みでからし明太子《めんたいこ》でもOK。

［つくり方］甘塩たらこは包丁で切りめを入れ、皮をとり除いて身をほぐします。室温に戻したバターに加え、練り混ぜます。レモン汁を入れてもよいでしょう。

●パセリバター

彩りがきれいなバターです。このほか、バジルやタイム、チャービル、オオバやアサツキなど、好みのハーブでお試しください。

［つくり方］パセリは細かく刻み、布巾に包んで流水でさらし、よく絞ります（一度水につけてアク抜きしたほうが色が冴《さ》えます）。室温に戻したバターと混ぜ合わせます。

エピローグ

来たれ！
パンと小麦の里へ

麦のテーマパークをつくりたい

●『カントリーグレイン』と『把雲里』の一日

パンづくりは朝の4時半頃から始まります。

前日に計量しておいた材料をミキシングするところからスタート。一次発酵、分割、成形、二次発酵、焼成《しょうせい》と作業が進みます。7時頃にはスタッフも揃《そろ》い、工房内はにわかに活気をおびてきます。

こうして午前中に、平均すると23種類（主に食パン70斤、「全粒バゲット」「メランジェ」などベーシックなパン25本、おやつパン170個ほど）のパンを焼き上げます。

焼きたての熱いうちはビニール袋に入れられないので、並べて冷まします。特に天然酵母パンは冷めにくく、納品や発送の時間を逆算して早めに焼き上げないと間に合いません。

あら熱がとれたら包装して、店頭に並べます。個人宅配では月替わりの「季節のパンセット」シリーズが好評で、箱詰めして全国へ発送しています。

午後はケーキやクッキーなどの焼き菓子、シュークリームの皮などを焼き、翌日の準備をして、夕方6時には製パンの作業は終了します。その合間をぬって、夫は畑仕事を、長男の裕士は事務をこなします。

一方、レストラン『把雲里《ぱんり》』の開店は午前11時30分。8時30分にはレストラン部門のスタッフが準備に入ります。若いときに取得した栄養士の免許を生かして、私がスタッフとともに調理を担当しています。新しいメニューを考える

ときには、心がフワフワと弾みます。楽しんでいただきたいメニューがいっぱいで、ランチ（11時30分～14時30分）はバイキングスタイルでお出ししています。

自家栽培と近所から届く無農薬有機野菜の料理を中心に、玄米、全粒粉《ぜんりゅうふん》の手づくりうどん、豆のカレーや雑穀などの穀類料理など、常時15～20種類をご用意。もちろん、パンは食べ放題。煎《い》れたての自慢のナチュラルコーヒーも飲み放題です。全種類を食べたいと張り切って来店される方も多く、喜んでいただいています。

●夢は麦のテーマパークへ

『カントリーグレイン』では、これまでパン教室や料理教室、試食会をはじめ食や健康に関する勉強会や講習会、ミニコンサートなどいろいろな催しを企画し、地域のみなさまにご参加いただいてきました。

さらに、畑を借りて麦を植え、私たちの植えた麦で、麦踏みや麦刈りなどのイベントも行いました。そうした経験を重ねるうちに食と農の結びつきの大切さを体感した私は、四季を通じた交流の場を設けたいと、１９９８年に「麦麦《ばくばく》クラブ」をスタートさせました（130頁）。メンバーは年若いご夫婦、小学校の先生や生徒さん、手づくりが大好きだという熟年の方などさまざまですが、麦を育て収穫し、パンやうどんをつくる体験を生き生きと堪能《たんのう》されています。

長男・裕士の夢は、地域に「麦のテーマパーク」をつくることで、応援して

いきたいと思っています。麦を加工した食べ物はパンだけではなくて、うどんやパスタ、ケーキにお団子……と本当にたくさんあります。福富町《ふくとみちょう》を歩けば麦穂の波打つ畑があり、小道に入れば風流なうどん屋さんがある。また、歩き進めばケーキ屋さんがあり、ケーキ教室が開かれている。もちろんですがパン屋もあって、のぼりのはためく団子屋で一服。「麦の博物館」もできたらいいなあ。

農村と麦と麦の食文化。野良で汗を流すおじいちゃんやおばあちゃん、お父さん。お母さんは、うどん屋さんで腕をふるう……考えるだけで、うれしくなってしまいます。

わが国の国産小麦と大豆の収量は少なく、麦は9％、大豆にいたっては3％の自給率といわれています。減反でお米がつくれないのであれば、農家の方にはその土地で麦を植え、大豆をつくっていただけたらと思っています。安心して栽培していただけるように、『カントリーグレイン』が、地場産の麦を製粉し加工する麦の拠点になれたらと思っています。

いつしか、そんな拠点が、全国にできたら……そのためにも、作物を加工する人、パン屋さんの養成塾をつくりたいと考えるようになりました。

●地域に一軒、土地の材料でパンを焼くパン屋さんを

私が夢見るのは、いわゆる町のベーカリーを営業するための技術を教えるパン学校ではありません。そうした学校なら東京や大阪など各地に、すでにあり

ますから。私がつくりたいのは、地場産物でパンをつくる、地域に根ざしたパン屋さんをやりたいという人たちのための塾です。

日本の各地には、おいしい水、よい素材のある村や町がたくさんあります。地に足をつけた物づくりは、結局、材料に行き着くと思いますから、そうした地域で土地の実りをパンに加工し、土地の人たちに提供するパン屋さんをどんどん増やしていきたいのです。

そしてネットワークをつくって、今いただいているような全国各地からの注文には、その地域のパン屋さんを紹介するような形で応対できたらと思っています。冷凍生地を送って焼くだけのシステムとはまったく別の形、地場の産物を地場で加工し食するシステムをつくりたい、各県にまずは一軒ずつでもいっしょに夢を追えるパン屋さんを実現できたらと願っています。

地場の農産物を加工する拠点が各地にできることが、自給率の向上と、身土《しんど》不二《ふじ》という地域でつくった食べ物を地域で食べるという考え方の実践へつながっていくと思います。

たくさんの夢とともに、今日も『カントリーグレイン』の一日が始まります。

パンの食べ頃と保存

●焼きたてより、あら熱がとれた頃

パンはなにより焼きたてが最高と思われがちですが、特に天然酵母パンの場合、焼き上がってすぐのまだ温度があるうちは酵母特有のにおいが強く、あまりおすすめできません。食べ頃は焼き上がってあら熱がとれた頃で、私の好みでいえば、むしろ1日おいたぐらいのほうがおいしいと思います。

天然酵母パンなら、室温で3〜4日は風味が変わらず食べられます。

イーストのパンも（特に食パンなど）、焼きたてはイースト臭が残るので、私は半日ほどおいてから食べます。

ただし、フランスパン（バゲット）だけは別。パリパリっとした皮の食感が命のパンですから、焼きたてを食べるのがいちばんです。

●しっかり密閉して冷凍保存

一度に食べきれないときなどは、あら熱がとれたら劣化する前に冷凍保存しましょう。冷蔵すると水分が抜けてパサパサのパンになってしまいますから、避けてください。

食パンは、スライスしたものを1枚ずつラップに包み、1回に食べる分（二枚ほど）ずつビニール袋に入れて冷凍庫へ。食べるときは室温でもどすか、余熱をきかせたオーブントースターに凍ったままのパンを入れて焼くとよいでしょう。

フランスパンを冷凍するときは、食べやすい大きさに切ってビニール袋に入れ、さらに紙袋に入れると、冷気でビニール袋を破損しても安心です。両面に霧を吹いてトーストすると、焼きたての状態がよみがえります。

小さなパンは大きいものに比べて乾燥しやすいので、ラップに包み、二重にビニール袋に入れて密閉し、冷凍保存します。

［食べ頃の目安と冷凍保存のし方］

食パンは１枚ずつラップに包み、さらに１回に食べる分ずつビニール袋に入れて冷凍

天然酵母パンは焼きたてより翌日ぐらいがおいしい。パリッとした皮が魅力のフランスパンはやはり焼きたてを

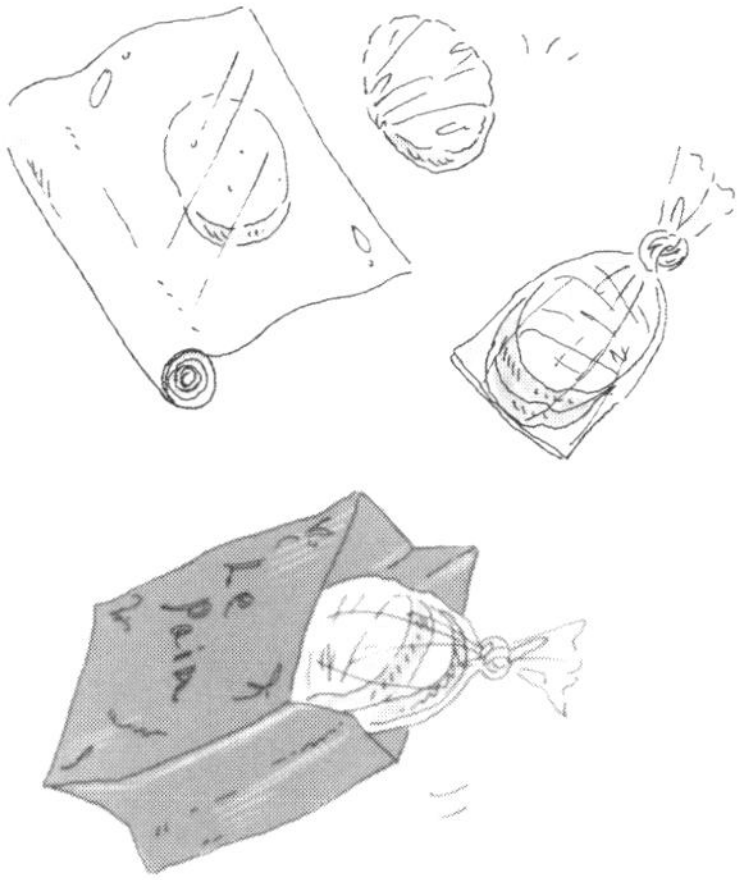

フランスパンは食べやすい大きさに切り、ラップ→ビニール袋→さらに紙袋に入れると安心

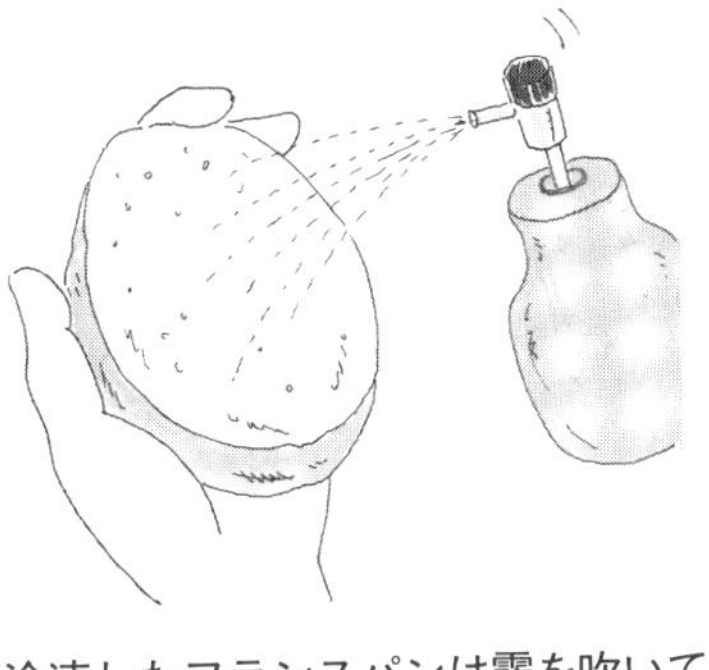

冷凍したフランスパンは霧を吹いてから焼くと焼きたての味が楽しめる

〜麦植えからパンづくりまで〜

麦麦クラブ

カントリーグレインでは、麦づくりを通して自然とふれあい自らの手で作物を育てる喜びと収穫した麦がパンやうどんになる食べ物づくりの楽しさを知ってもらおうと、「麦麦《ばくばく》クラブ」を発足。毎年会員を募集して活動を続けています。

●期間は１年で活動は月１回。定員は25グループ。
●主な作業スケジュールは10月麦の種まきと栽培の技術講習、11月草とり、12月食・農・農村をテーマとした講話、１月麦踏み、２月もと寄せ（麦の足下へ土を寄せる作業）、３月〜４月生長観察、５月かかしづくりや麦＆野の花でフラワーアレンジメント製作、６月麦刈り、７月脱穀、８月収穫した麦でパンづくり、９月懇親会。併行して随時、食のイベント（パンづくり、手打ちうどんづくり、アウトドアクッキング、ピザづくりなど）を開催しています。

麦穂でリースを製作

家族で麦刈り。豊作に顔もほころぶ

実りのときを迎えて

おいしいパンが焼けますように

◆材料の入手先

国産小麦粉、大麦粉、そば粉、古代米ほか

鳥越製粉㈱
＊小麦粉（「むぎっ娘」ほか）
〒812-0014　福岡県福岡市博多区比恵町5-1　☎092-477-7110

桜井食品㈱
＊小麦粉（「ハルユタカ」「ナンブコムギ」「オーガニック強力粉」ほか）、オーガニックライ麦粉
〒505-0051　岐阜県美濃加茂市加茂野町鷹之巣343　☎0574-54-2251

東日本産業㈱
＊小麦粉（「ナンブコムギ」「北上小麦」ほか）、大麦粉、全粒粉
〒028-3311　岩手県紫波郡紫波町犬渕字谷池田116-7　☎019-676-4141

日穀製粉㈱
＊小麦粉（長野県産「シラネ小麦」主体の国産パン用粉
〒380-0823　長野県長野市南千歳1-16-2　☎026-228-4157

旭製粉㈱
＊小麦粉（「ホクシン」ほか）
〒633-0041　奈良県桜井市大字上之宮67　☎0744-42-2971～5

多田製粉㈱
＊小麦粉（「陣馬《じんば》」「醍醐味」ほか）
〒192-0045　東京都八王子市大和田町4-5-6　☎0426-42-7181

理研農産化工㈱
＊小麦粉（「梅香」、パン用ブレンド粉ほか）
〒840-0802　佐賀県佐賀市大財北町2-1　☎0952-23-4181

播州麺本舗
＊大麦粉（商品名「ドラフトバーレー」）
〒679-4003　兵庫県龍野市揖西町小神841　☎0791-62-9711

福田製粉所
＊小麦粉（「ハルユタカ」、薄力粉の「シラサギコムギ」）
〒708-1223　岡山県勝田郡勝北町坂上444　☎0868-29-0672

倉科製粉
＊そば粉（石臼挽き）
〒398-0000　長野県大町市大黒町2248　☎0261-22-0227

葦農会
＊紫米、赤米、緑米
〒849-0505　佐賀県杵島郡江北町大字下小田1224　☎0952-86-4560

門藤農園
＊紫米、赤米、黒米
〒724-0204　広島県賀茂郡福富町上戸野3048-2　☎0824-35-2935

酵母

㈲ホシノ天然酵母
＊ホシノ天然酵母パン種
〒195-0064　東京都町田市小野路町2278-3　☎0427-34-1399

ノヴァ
＊天然酵母（バックフェルメント）
〒364-0013　埼玉県北本市中丸3-3　☎0485-92-6491

楽健寺酵母
＊天然酵母（楽健寺酵母）
〒577-0038　大阪府東大阪市御厨北之町93　☎06-6788-6478

ドライフルーツ、ナッツ

桜井食品㈱
＊オーガニックレーズン、カランツ、くるみ、アンズ、イチジクなど
〒505-0051　岐阜県美濃加茂市加茂野町鷹之巣343　☎0574-54-2251

[遊び尽くし]シリーズ　●創森社

雑穀つぶつぶクッキング
雑穀をおかずの食材とした創作料理や雑穀粉でつくる風味豊かなお菓子など、おいしい元気いっぱいのレシピ集。

A5判・144頁・定価（本体一四〇〇円＋税）　大谷ゆみこ著

貝料理あれもこれも
貝類は栄養豊富で消化にもよく、独特の旨みが万人受けの理由。代表的な食用貝の下処理から調理法、食べ方を紹介。

A5判・136頁・定価（本体一三〇〇円＋税）　臼井一茂編

国産小麦＆天然酵母でパンづくり
素材にとことんこだわり、麦づくりからパンづくりまでを手がける著者。安全でおいしいパンのつくり方を具体的に紹介。

A5判・136頁・定価（本体一三〇〇円＋税）　片岡芙佐子著

おかゆ一杯の底力
しみじみ旨くてヘルシーなおかゆ。組み合わせる具によって豪華にも質素にもなる。一一〇点の旬菜おかゆレシピ満載。

A5判・144頁・定価（本体一三三八円＋税）　境野米子著

国産＆手づくりワイン教本
国産ワインの生い立ちや楽しみ方、日本全国おすすめのワイナリーを紹介。さらに自家醸造のワインづくりなどを手ほどき。

A5判・144頁・定価（本体一四〇〇円＋税）　澤登晴雄著

妻家房の韓国家庭料理
韓国の家庭料理は実に多彩で滋養に富み、野菜たっぷりのヘルシー食。簡単でおいしい韓国家庭料理のつくり方を紹介。

A5判・112頁・定価（本体一五〇〇円＋税）　呉永錫・柳香姫著

産地発 梅クッキング
日本一の梅産地・紀州の梅暦、梅仕事の勘どころと梅酒、梅干しづくりの基本、青梅＆梅干し料理のコツを大公開。

A5判・112頁・定価（本体一三三八円＋税）　梅料理研究会編

日本茶を一服どうぞ
元来、心身をほぐしたり癒したりする日本茶。その成分、効用、飲み合わせ、さらに気軽な飲み方、いれ方を解説する。

A5判・116頁・定価（本体一三三三円＋税）　小川誠二著

にんにく丸ごとクッキング
パワーアップ食材にんにく。おいしく正しくダイナミックに、をモットーに、にんにく丸ごと料理＆保存食のつくり方を紹介。

A5判・120頁・定価（本体一三三三円＋税）　吉田昌俊著

技あり 焼き肉指南
焼き肉の材料、焼き方、食べ方は百人百様。素材の見きわめ方、求め方から下ごしらえ、たれ、焼き方までを解説する。

A5判・112頁・定価（本体一三三三円＋税）　石原隆司・石原まり著

女将の評判おにぎり
横浜「元町梅林」の女将である平尾禮子さんがつくる多種多様のおにぎりが大評判。絶品おにぎりのすべてを手ほどき。

A5判・112頁・定価（本体1238円＋税）　平尾禮子著

HOW TO 炭火料理
直火焼きなら炭火に勝るものなし。穀菜、肉、魚介などの食材を生かし、コツをつかんで焼き上げるための極意を伝授する。

A5判・128頁・定価（本体一三三三円＋税）　炭文化研究所編

開け ごまクッキング
ごまは健康の維持・増進に欠かせない食材。栄養豊かなごまを使った料理や菓子のつくり方を紹介。ごまの魅力全開の一冊。

A5判・112頁・定価（本体一三〇〇円＋税）　岩崎園江著

まめに豆腐クッキング
定番の冷奴、湯豆腐から技ありの肉豆腐、豆腐ステーキ、麻婆豆腐などまで盛りだくさん。手づくり豆腐のコツも指南。

A5判・112頁・定価（本体一三〇〇円＋税）　長谷部美野子著

漁港発 イカ料理お手本
イカの種類や部位の特徴、用途、丸ごと一杯のさばき方を解説。さらに絶品イカ料理、塩辛、一夜干しのつくり方を紹介。

A5判・96頁・定価（本体一二〇〇円＋税）　三崎いか直販センター編

創森社　〒162-0822 東京都新宿区下宮比町2-28-612　TEL03-5228-2270　FAX03-5228-2410
＊定価は変わる場合があります

〝食・農・環境〟の本

安全を食べたい 非遺伝子組み換え食品製造・取扱元ガイド
遺伝子組み換え食品いらない！キャンペーン事務局編　本体1429円

炭焼小屋から
美谷克己著　本体1600円

有機農業の力
星　寛治著　本体2000円

広島発　ケナフ事典
ケナフの会監修　木崎秀樹編　本体1500円

家庭果樹ブルーベリー　育て方・楽しみ方
日本ブルーベリー協会編　本体1429円

エゴマ　つくり方・生かし方
日本エゴマの会編　本体1600円

ブルーベリーの実る丘から
岩田康子著　本体1600円

自給自立の食と農
佐藤喜作著　本体1800円

世界のケナフ紀行
勝井　徹著　本体2000円

農村から
丹野清志著　本体2857円

雑穀が未来をつくる
大谷ゆみこ・嘉田良平監修　国際雑穀食フォーラム編　本体2000円

この瞬間を生きる　インドネシア・日本・ユダヤと私と音楽と
セリア・ダンケルマン著　本体1714円

農的循環社会への道
篠原　孝著　本体2000円

台所と農業をつなぐ
大野和興編　山形県長井市・レインボープラン推進協議会著　本体1905円

薪割り礼讃
深澤　光著　本体2381円

一汁二菜
境野米子著　本体1429円

病と闘う食事
境野米子著　本体1714円

立ち飲み酒
立ち飲み研究会編　本体1800円

土の文学への招待
南雲道雄著　本体1800円

ワインとミルクで地域おこし　岩手県葛巻町の挑戦
鈴木重男著　本体1905円

創森社　〒162-0822　東京都新宿区下宮比町2-28-612
TEL 03-5228-2270　FAX 03-5228-2410
＊定価（本体価格十税）は変わる場合があります